Het Marcus Experiment

Hoe het evangelie van Marcus je helpt om Jezus beter te kennen

Door
Andrew Page

VTR

ISBN 978-3-95776-031-9

VTR Publications, Gogolstr. 33, 90475 Nürnberg, Duitsland,
info@vtr-online.com, http://www.vtr-online.com.

Oorspronkelijke titel: Das Markus-Experiment
Vertaling: Erwin Datema

De bijbelverzen zijn ontleend aan de Nieuwe Bijbel Vertaling (NBV).

Foto van de auteur op de achterkant:
(c) Roger Eldridge Photography, www.eldridgephotos.com

Cover design: Chris Allcock

Druk: Lightning Source

Inhoud

Voor John en Ruth

Ik ben Chris Allcock dankbaar voor de tekeningen en het omslagontwerp, en in het bijzonder Thomas Mayer van VTR Publications om de moed te hebben om, in de eerste plaats, dit boek uit te brengen. En ik ben Erwin Datema dankbaar voor zijn werk in het vertalen van het boek in het Nederlands.

Above Bar Church is mijn eigen kerk. Leden van de gemeente hebben mij regelmatig aangemoedigd en hebben voor dit project gebeden. Ik voel me vereerd dat ik een deel ben van Above Bar.

Hoewel dit boek niet over het Marcus Drama gaat, voorziet het wel de basis ervan. Sinds het boek gepubliceerd is, zijn er producties van het Marcus Drama geweest in Oostenrijk, Letland, Duitsland, Hongarije, Frankrijk, Spanje, Nederland, Ierland, Chili, Italië, Denemarken, Noorwegen en het Verenigd Koninkrijk. Ik wil iedereen bedanken die deel is geweest van een Marcus Drama team, en ik bid dat meer kerken en studentenverenigingen in Europa en daarbuiten besluiten het Marcus Drama uit te voeren.

Veel Christenen willen het Evangelie niet leren. Ik dank God voor iedereen die wel dit experiment wil proberen, en Marcus wil leren en gebruiken om Jezus beter te leren kennen. Ik hoop dat het er steeds meer worden!

www.themarkdrama.com
info@themarkdrama.com

Mijn Introductie: Uitnodiging voor een Experiment

Dit boek gaat om twee dingen in een.

Ten eerste is het de bedoeling om het Marcus Evangelie te leren. Ik denk niet dat Marcus oorspronkelijk zijn boek heeft geschreven om te lezen, maar om te luisteren. Per slot van rekening kon van de meeste mensen niet verwacht worden dat ze een eigen exemplaar zouden hebben. Marcus schreef het evangelie zodat mensen het konden onthouden. Niet woord voor woord, maar stukje bij beetje – zodat zij Jezus konden leren kennen en Zijn verhaal doorvertellen.

Ten tweede gaat dit boek over het herontdekken van Jezus. Het gaat erom Hem beter te leren kennen, meer lief te hebben en te genieten van Hem. Als dat is wat je wilt, dan kun je er zeker van zijn dat Jezus wil dat jij nog meer ervaart dan alleen dat.

Dus hier gaat het experiment om. Leer het Evangelie zodat je Jezus beter leert kennen. Ik hoop dat je het zelf wilt proberen.

Neem even tijd om de rest van deze introductie te lezen. Het duurt niet lang, maar het zal je helpen om maximaal resultaat uit ***Het Marcus Experiment*** te halen.

De Structuur van Marcus

Na een korte introductie (1:1-8), heeft Marcus het verhaal van Jezus opgedeeld in zes hoofddelen. In het midden van elk Deel is een blok met acht gebeurtenissen die niet zomaar bij elkaar gegooid zijn; in plaats daarvan hebben ze een logisch verband met elkaar.

Kijk bijvoorbeeld naar Deel 2, Marcus 3:13-6:6. Hier is de structuur in het Deel zoals ik dat zie:

Blok A (3:13-35)

Jezus wijst zijn 12 discipelen aan (13-19)
Oppositie van de familie (20-21)
Oppositie van de religieuze leiders (22-30)
Opnieuw oppositie van de familie (31-35)

Block B (4:1-5:43)

a	4:1-20	Gelijkenis van de zaaier
b	4:21-25	Gelijkenis van de lamp
c	4:26-29	Gelijkenis van het zaad dat opgroeit
d	4:30-34	Gelijkenis van het mosterdzaad
d'	4:35-41	Wonder: De storm gestild
c'	5:1-20	Wonder: Uitdrijving van Legioen
b'	5:25-34	Wonder: Genezing van de zieke vrouw
a'	5:21-43	Wonder: Opwekking van het dochtertje van Jaïrus

Blok C (6:1-6)

Oppositie van familie en vrienden (1-6)

Er zijn 5 dingen op te merken uit deze structuur.

1. Blok B heeft acht gebeurtenissen met een logisch verband

In dit geval zijn de acht gebeurtenissen opgesteld in twee groepen van vier: vier gelijkenissen gevolgd door vier wonderen. Elk van de zes delen heeft een Blok B met acht gebeurtenissen met een logisch verband.

2. Blok B heeft spiegellinks

Laat ik dit uitleggen. De gelijkenis van de zaaier heeft een verband met de opwekking van het dochtertje van Jaïrus, de gelijkenis van de lamp heeft een verband met de genezing van de zieke vrouw, enzovoorts. Soms zit er een les in een dergelijke spiegellink, die helpen om de gebeurtenissen goed te kunnen onthouden. En het geldt voor alle zes delen van het Evangelie.

3. Blok A en Blok C hebben iets gemeen

Hier in deel twee is het de oppositie van de familie. Dit thema zit niet in Blok B, maar het is een duidelijke link tussen Blok A en Blok C. Alle delen van het Evangelie hebben een link in Blok A en Blok C.

4. Alle Delen hebben een duidelijk thema

Het thema in Deel twee is De Kracht. In Blok B gaan de vier gelijkenissen over de kracht van Gods woord, en de vier wonderen gaan over de kracht van Jezus. En elk van de zes Delen heeft zijn eigen thema.

5. De Delen zijn eenvoudig uit het hoofd te leren

Dit betekent niet, alle woorden leren, maar simpelweg de volgorde van de gebeurtenissen in elke Deel. De meeste mensen kunnen de volgorde van een Deel in 10 minuten leren, zeker als ze eerst Blok B leren, en daarna doorgaan naar Blok A en Blok C.

Maar waarom zou ik Marcus uit het hoofd leren?

Goede vraag! Hier zijn een paar hele goede redenen:

I. Omdat de Bijbel het woord van God is, heeft het grote kracht. Vaak vergeten we dit. In Psalm 119:11 zegt David tegen God: “Uw belofte heb ik in mijn hart geborgen, zo zal ik niet tegen u zondigen.”

II. Omdat Marcus zijn Evangelie geschreven heeft om dit eenvoudig te maken! Als je ***Het Marcus Experiment*** leest, zal je opvallen dat de structuur van het Evangelie het eenvoudig maakt om het uit je hoofd te leren. Ik weet zeker dat de Heilige Geest Marcus heeft geïnspireerd om het zo te schrijven, omdat Hij wil dat we Zijn woorden in ons hart hebben.

III. Door het Evangelie uit je hoofd te leren, is het mogelijk om Bijbelstudie te doen zelfs als je geen Bijbel bij je hebt. Dus als je in bed ligt of als je over straat loopt, dan nog kun je jezelf de verhalen in het Evangelie vertellen, en kun je tegen Jezus praten over wat je je herinnert.

IV. Omdat de eerste Christenen het Evangelie uit hun hoofd leerden. Nadat ik deze structuur ontdekte, vond ik een citaat van Clement van Alexandrië. Clement legde uit waarom Marcus zijn Evangelie schreef:

> “Marcus, een volgeling van Petrus, toen Petrus het Evangelie publiekelijk in Rome verkondigde in de aanwezigheid van enkele schildwachten van Caesar…, *werd gevraagd door hen of het mogelijk was om de dingen die verteld werden, te onthouden*, schreef van de dingen die gesproken waren door Petrus, het Evangelie die bekent staat zoals geschreven door Marcus.”
>
> Clement of Alexandria (Adumtations ad 1 Petrus 5:13, cursivering toegevoegd)

Het lijkt misschien vreemd om de volgorde van gebeurtenissen in Marcus Evangelie uit je hoofd te leren. Ik heb dit boek geschreven omdat ik het experiment zelf heb geprobeerd. En ik heb Jezus opnieuw ontdekt.

Gebruiksaanwijzing bij het boek

Dit boek is geen commentaar; het is ontworpen om je te helpen bij het leren van het Evangelie, en daarbij Jezus beter te leren kennen. Aan het begin van de zes Delen is er een introductie genaamd: *"Geniet van het Uitzicht"*: Hier wordt de logica van Blok B uitgelegd en worden de verbanden tussen Blok A en Blok C aangetoond.

Daarna komt *"Uitpakken van de Inhoud"*. Hier leg ik uit hoe de structuur helpt om de betekenis van individuele paragrafen te vinden.

Dan geef ik suggesties over het onthouden van het Deel (dit heet *"Leer het Evangelie"*). De meeste mensen zijn niet gewend om iets uit het hoofd te leren, maar het is het waard. En vergeet niet, we hebben het hier over de volgorde van de gebeurtenissen, niet over elk woord. Zoals ik al genoemd had, dit kan in 10 minuten.

Het laatste stuk is *"Ontmoeting met de Heer"*. Dit is een herinnering aan de reden waarom we dit doen: We willen Jezus opnieuw ontdekken. Wanneer je met God praat over wat je geleerd hebt, zul je Hem ook beter leren kennen.

Lees ***Het Marcus Experiment*** niet te snel! Het is aan te raden om een week over elk van de 6 Delen te doen, zodat je de tijd hebt om het compleet te leren, en zo kunt ervaren hoe God Zijn woord toepast in jou leven. Zelfs als je beslist om alles in een paar dagen te lezen, kom dan alsjeblieft naderhand terug, en neem de tijd om het Evangelie te leren. Ik denk dat de eerste Christenen het ook zo deden, en dat dit ook de reden is waarom Marcus het opgeschreven heeft.

Bedankt voor het lezen van mijn introductie; nu is het tijd voor die van Marcus.

Ik bid dat iedereen die dit boek leest plezier beleeft aan het Evangelie van Marcus, en plezier beleeft aan het ontmoeten van Jezus. Het Marcus experiment start nu…

Marcus' Introductie (Marcus 1:1-8)

Marcus geeft ons een korte introductie op zijn Evangelie: hij kan niet wachten om te beginnen met het verhaal. In vers 9 stapt Jezus voor het eerst op het podium, maar als volwassene, niet als baby. Er wordt dus niets genoemd over Maria of Jozef en er is geen melding van Jezus' geboorte. Toch bereiden de eerste acht verzen ons voor op de hoofdpersoon van Marcus.

Geniet van het Uitzicht

a	Marcus' getuigenis over Jezus (1)
b	De oudtestamentische profeten getuigen over Jezus (2-3)
c	De doop van Johannes zorgt voor veel belangstelling (4-5)
b'	Johannes is als een oudtestamentische profeet (6)
a'	Johannes' getuigenis over Jezus (7-8)

Marcus lijkt zijn Evangelie direct te willen beginnen met een voorbeeld van zijn Spiegellink, wat de introductie makkelijk te herinneren maakt. De hoofdreden van deze verzen is om Jezus te introduceren voordat hij in beeld komt.

Het zou goed zijn om de introductie twee of drie keer door te lezen, en eruit pakken wat Marcus en anderen over Jezus zeggen. Neem de tijd om te aanbidden voor we in detail naar de verzen gaan kijken: dit boek is niet alleen een informatieboek, het gaat om het herontdekken van Jezus en Hem beter te leren kennen. Dat is waar dit experiment om gaat.

Uitpakken van de Inhoud

a – Marcus' getuigenis over Jezus (1:1)

Vers 1 kan de titel van het hele boek zijn, maar het vertelt ook wat Marcus wil dat we over Jezus weten aan het eind van het Evangelie. Jezus is de Christus, de Messias die God beloofd had in het oude testament. Israël heeft eeuwen op deze menselijke redder gewacht; Marcus wil dat we weten dat Hij is gekomen.

Maar de Messias die Marcus ons wil voorstellen is meer dan een mens: Hij is de "Zoon van God" (1). Hoewel deze zin niet in alle manuscripten staat, is het nagenoeg zeker dat Marcus dit schreef. Aan het eind van Deel Drie, halverwege het Evangelie, wordt Jezus herkend als de Messias (zie 8:29); en in Deel zes, aan het einde van het Evangelie, wordt Hij erkend als de Zoon van God (zie 15:39).

En dit, zegt Marcus, is Evangelie, goed nieuws. Weten wie Jezus is en waarom Hij kwam is het beste wat iemand kan overkomen.

b – De oudtestamentische profeten getuigen over Jezus (1:2-3)

"Het staat geschreven bij de profeet Jesaja", zegt Marcus, hoewel hij Jesaja pas citeert in vers 3; Met andere woorden, het citaat van Maleachi 3:1 in vers 2 is slechts een introductie voor Jesaja's getuigenis over Jezus.

Hier weten we nog niet de naam van de boodschapper die de weg klaarmaakt, maar Jesaja vertelt ons voor wie hij de weg klaarmaakt: "Maak de weg van de Heer gereed" (3). De boodschap is duidelijk: Er komt iemand aan die niemand minder is dan God zelf.

c – De doop van Johannes zorgt voor veel belangstelling (1:4-5)

Nu vertelt Marcus ons dat de boodschapper Johannes is. Hij bereidt de weg voor op het komen van God door over bekering te prediken en biedt een concrete methode aan om dit publiekelijk te uiten – de doop. Bekering betekent je gedachten veranderen en besluiten om vanaf nu anders te leven, en vers 4 vertelt ons wat het is dat vergeving mogelijk maakt.

Johannes' boodschap en doop roept een verbazingwekkende reactie op: "Alle inwoners van Judea en Jeruzalem stroomden toe" (5). Dit is duidelijk een overdrijving, maar er was blijkbaar een grote groep mensen die belangstelling hadden. Eén van de redenen moet zijn dat hij Joden doopte, wat ongehoord was. Joden moesten zich bekeren, zegt Johannes, en het lijkt erop dat velen dit ook wel wilden doen.

b' – Johannes is als een oudtestamentische profeet (1:6)

Marcus' beschrijving van Johannes is bedoeld om ons te herinneren aan Elia, die droeg "Hij was sterk behaard en hij droeg een leren lendendoek" (2 Koningen 1:8). Inderdaad vertelt Zacherias 13:4 ons dat een haren mantel min of meer het profetenuniform was. Dus de beschrijving van Johannes – en de Spiegellink – vertelt ons dat Johannes een van de oudtestamentische profeten is, die de weg klaarmaakt voor de komende Messias.

a' – Johannes' getuigenis over Jezus (1:7-8)

Johannes zegt duidelijk dat hij zeer ondergeschikt is aan diegene voor wie hij de weg bereidt: hij is het niet eens waard om een slaaf of bediende te zijn en Zijn sandalen los te maken (7).

Maar het echt verbazingwekkende gedeelte van Johannes' boodschap is dat degene die na hem komt "zal jullie dopen met de heilige Geest" (8). Dit is opvallend, want in het Oude Testament is God de enige die de Heilige Geest kan uitstorten over mensen. Met deze woorden zegt ook Johannes, dat degene voor wie hij de weg bereidt, een nieuw verbond zal inluiden (zie Jer 31:31-34) en dat dit betekent dat de mensen vergeven zijn (zie Ezech 36:25-27) en dat de Heilige Geest gaat wonen in de mensen (zie Joël 2:28-32). Johannes vertelt ons dat de tijd gekomen is. En de Spiegellink met vers 1 vertelt ons de naam van degene die dit nieuwe verbond inluidt: het is Jezus, de Messias, de Zoon van God (1).

Marcus' Introductie is ontworpen om ons enthousiast te maken voor Jezus.

Leer het evangelie

De Spiegellinken in deze verzen maken de Introductie makkelijk te leren. Probeer niet de details te leren, maar de gebeurtenissen.

Ontmoeting met de Heer

Wanneer je door Marcus' Introductie gaat, neem dan de tijd om Jezus te aanbidden voor wie hij is, en waarom hij hier gekomen is. Hij wil dat je hem beter leert kennen, en hem leert meer lief te hebben; vraag hem om het Marcus Evangelie te gebruiken om invloed te hebben op je leven.

Tips om te helpen onthouden:

1. **Maak leren visueel** door te onthouden waar de gebeurtenis staat op de pagina in je Bijbel.
2. **Maak leren hoorbaar** door hardop te oefenen.
3. **Maak leren praktisch** door elke dag een beetje te doen.
4. **Maak leren aangenaam** door het experiment te gebruiken als hulp bij het bidden en aanbidden.

Deel Een: De Boodschap (Marcus 1:9-3:12)

Marcus heeft ons al gezegd dat hij ons “het evangelie van Jezus Christus, Zoon van God” (1:1) gaat vertellen. De identiteit van Jezus is centraal in de boodschap. Nu vertelt Marcus ons de eerste dingen die Jezus zei in Zijn openbare bediening: “De tijd is aangebroken, het koninkrijk van God is nabij” (1:15). Daar gaat het eerste deel over. Het is de boodschap die iedereen moet horen en de boodschap die Jezus kwam brengen.

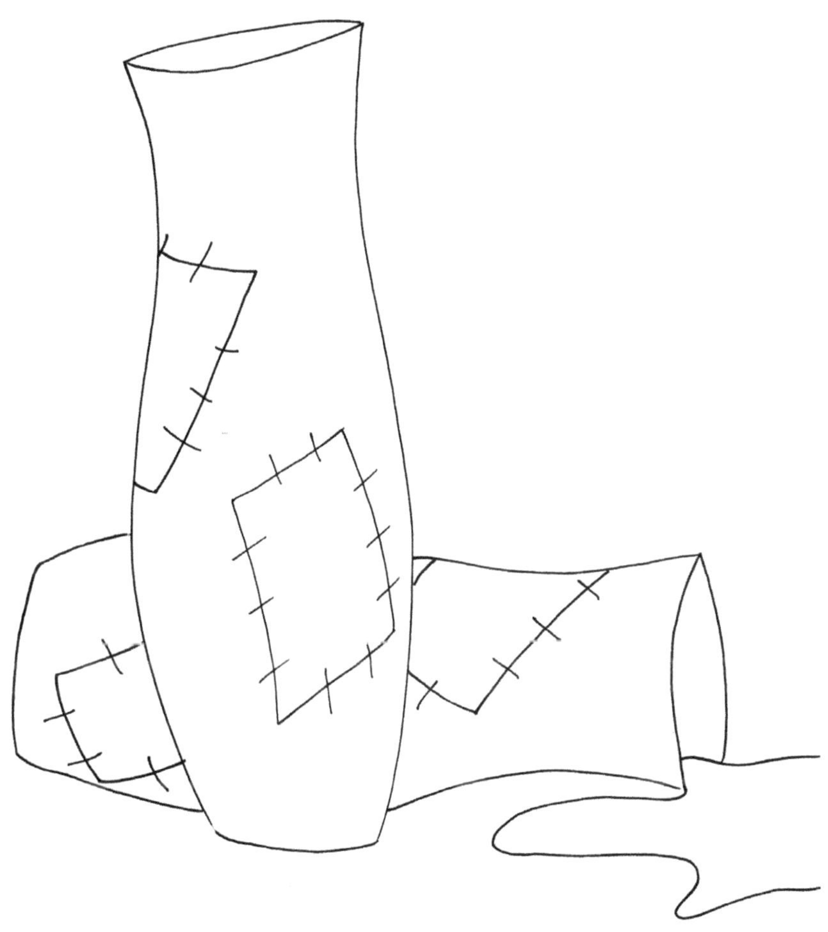

“Niemand giet jonge wijn in oude leren zakken,
want dan scheuren ze open
en gaat de wijn verloren, net als de zakken zelf.
Jonge wijn hoort in nieuwe zakken.” (Marcus 2:22)

Genieten van het Uitzicht

Blok A (1:9-20)

Doop en verzoeking van Jezus (9-13)
Jezus verkondigt het goede nieuws (14-15)
Jezus roept de eerste discipelen (16-20)

Blok B (1:21-2:28)

a	1:21-28	Jezus drijft een onreine geest uit
b	1:29-34	Jezus geneest de schoonmoeder van Petrus en anderen
c	1:35-39	Jezus zegt dat onderwijs Zijn prioriteit heeft
d	1:40-45	Jezus geneest een melaatse
d’	2:1-12	Jezus geneest een verlamde
c’	2:13-17	Jezus roept Levi en eet met zondaren
b’	2:18-22	Jezus voorzegt een radicale breuk met het Jodendom
a’	2:23-28	Jezus is Heer van de sabbat

Blok C (3:1-12)

Jezus roept weerstand op door op sabbat te genezen (1-6)
Jezus’ populariteit groeit (7-12)

Marcus heeft dit Deel georganiseerd – net als alle anderen – rond een centraal blok van acht gebeurtenissen (Blok B). De eerste vier laten zien dat Jezus volledige controle heeft, Hij bevrijdt mensen van ziekte en kwaad, en heeft zich toegewijd om de menigte te onderwijzen. In hoofdstuk 2 verandert de sfeer abrupt. Joodse leiders zijn plotseling overal, bekritiseren Jezus en vinden fouten in Hem – blijkbaar voelen ze zich bedreigd door deze nieuwe competitie. Dus de eerste helft van Blok B laat ons zien dat de autoriteit van Jezus onbetwist is door menselijke tegenstanders, terwijl in de tweede helft Jezus steeds conflicten heeft met de leiders van Israël.

Blok A en C hebben, net als in alle Delen, iets gemeen. Hier is het de boodschap dat Jezus de Zoon van God is. In Blok A proclameert de Vader dit bij de doop van Jezus (1:11), maar in Blok C verbiedt Jezus heel duidelijk aan de demonen om Zijn identiteit duidelijk te maken (3:11). Met deze signalen doet Marcus twee dingen. Hij markeert het begin en het einde van Deel Eén, en hij bevestigt dat dit de centrale boodschap is van het Evangelie (vgl. 1:1).

Het kan goed zijn om Marcus 1:9-3:12 helemaal door te lezen, voor je verder gaat. Neem de tijd om Jezus te aanbidden terwijl je leest.

Uitpakken van de Inhoud

Blok A (1:9-20)

Doop en verzoeking van Jezus (1:9-13)

In vers 9 komt Jezus voor het eerst voor in het Evangelie, maar niet als autoritaire leraar en geneesheer, maar als een man die open staat voor Johannes' doop. Voor Marcus is de stem uit de hemel het cruciale ingrediënt: "Jij bent mijn geliefde Zoon, in jou vind ik vreugde!"

Deze woorden kunnen het best begrepen worden als ze gerelateerd worden aan de woorden die God al gesproken heeft in het Oude Testament. Het begin van de eerste profetie over "de Dienaar van de Heer" laat Jesaja ons Gods enthousiaste introductie over deze Dienaar horen met de woorden "Hier is mijn dienaar, hem zal ik steunen, hij is mijn uitverkorene, in hem vind ik vreugde," (Jes 42:1a). Maar hier aan de rivier de Jordaan verklaart God "jij bent mijn geliefde Zoon", een echo van Psalm 2 (vers 7) , die erkend werd als een messiaanse psalm voor eerste-eeuws Joden. Er kan hier ook een zinspeling zijn naar Gods instructies aan Abraham, toen Hij hem opdracht gaf om zijn zoon op te offeren: "Roep je zoon, je enige, *van wie je zoveel houdt"* (Genesis 22:2).

Dus lezers van het Marcus Evangelie, die ook hun Oude Testament kennen, zullen in de eerste paragraaf van Deel Een de boodschap herkennen, dat Jezus, gedoopt is door Johannes de Doper, de Zoon van God is, de beloofde Messias van eeuwen geleden (Psalm 2), en de Lijdende Dienaar (Jesaja 42), die geofferd zal worden door Zijn Vader (Genesis 22).

De doop van Jezus heeft een grote invloed op het begin van Deel Een, en Marcus wil graag dat we alle drie de Personen van de Drie-eenheid zien: de Zoon in vers 9, de Geest in vers 10, en de Vader in vers 11. De boodschap is helder: God zelf komt drastisch tussenbeide in menselijke aangelegenheden.

Marcus vertelt in maar twee verzen over de veertig dagen van verleiding in de woestijn (12-13), wat in sterk contrast staat met de uitgebreidere verhalen in Mattheus en Lukas. Hij vertelt zelfs niet dat Jezus Satan overwint, waarschijnlijk vindt hij dit vanzelf spreken. Van meer belang is de vermelding over de veertig dagen. Marcus wil ons misschien herinneren aan Israëls veertig jaren in de woestijn en om te concluderen dat Jezus het nieuwe Israël is, Gods Zoon, gekomen om het nieuwe volk van God in te wijden (zie commentaar op 3:13-19).

Jezus verkondigt het goede nieuws (1:14-15)

Het goede nieuws is dat "het koninkrijk van God nabij is" (15). Met de komst van Jezus is Gods koninkrijk hier, niet in zijn ultieme majesteit maar in de nederige realiteit van individuen die God erkennen als hun Koning. Het goede nieuws is dat het mogelijk is om God te kennen. De voorwaarde voor het binnengaan van het koninkrijk is bekering en geloof (15b), wat we beter gaan begrijpen tegen de tijd dat we aan het einde van het Evangelie zijn.

Marcus heeft zeer waarschijnlijk Jesaja 52:7 in zijn achterhoofd als hij deze verzen schrijft: "Hoe welkom is de vreugdebode die over de bergen komt aangesneld, die vrede aankondigt en goed nieuws brengt, die redding aankondigt en tegen Sion zegt: 'Je God is koning!'" Jezus brengt het goede nieuws over het koninkrijk van God.

Jezus roept de eerste discipelen (1:16-20)

Het initiatief ligt hierbij duidelijk bij Jezus. Simon, Andreas, Jacobus en Johannes hebben misschien een jaar contact met Jezus voor deze gebeurtenis, maar vandaag is de dag van de beslissing. De oproep om te volgen ("Kom, volg Mij") is gekoppeld aan een belofte om zijn nieuwe discipelen toe te rusten voor de taak die voor hen ligt ("Ik zal van jullie vissers van mensen maken", 17). Jezus roept, en de reactie van de vissers, maakt duidelijk dat toewijding aan Jezus voorrang heeft boven alle andere dingen, inclusief familie, eigendommen en bezigheden (18, 20).

Dit zijn de eerste vier mensen die Jezus roept om in het koninkrijk te komen, en ze hebben geantwoord door Hem te volgen. Welke andere reactie zou mogelijk zijn, gezien Jezus' identiteit (9-11)? In Blok A geeft Marcus ons de boodschap wie Jezus is, de komst van het koninkrijk en over zijn aanspraak op onze levens. Dit is ook voor ons goed nieuws.

Blok B (1:21-2:28)

Vier gebeurtenissen zonder menselijke tegenstand (1:21-45)

a – Jezus drijft een onreine geest uit (1:21-28)

Jezus voert hier zijn eerste – genoteerde – wonder uit, op de sabbat. Maar Marcus zorgt er wel voor dat we zien dat Jezus begint bij onderwijs(21, zie ook 38), en dat de daarbij komende moeiteloze uitbanning een resultaat is van de onderbreking van de kwade strijdkrachten. Deze troepen, zo wil Marcus ons vertellen, herkennen Jezus direct – "de heilige van God" (24), mogelijk een aanwijzing voor de Messias. Dit is een thema dat we vaker tegenkomen: mensen weten nog niet wie Jezus is, maar de onreine geesten ervaren er geen moeite mee (zie 34b). En ze zullen zich niet laten tegenhouden om Gods boodschap tegen te houden.

Wat de mensen in de synagoge van Kapernaüm duidelijk zien is dat Jezus een man met autoriteit is, zowel in onderwijs als in geestuitdrijving. Voor het eerst in Marcus Evangelie reageren mensen oprecht verbaasd om de werkelijkheid van Jezus (22, 27-28).

b – Jezus geneest de schoonmoeder van Petrus en anderen (1:29-34)

Marcus' opmerking dat "ze spraken met Jezus over haar"(30) kan bedoeld zijn als bemoediging aan ons om Jezus onze zorgen en moeiten te vertellen. We kunnen er zeker van zijn dat er geen gebied van ziekte of kwaad is dat niet onderworpen is aan Jezus' autoriteit, zoals de gebeurtenissen na zonsondergang duidelijk maken (32-34). Marcus gebruikt een overdrijving ("alle zieken en bezetenen naar hem toe" (32); "alle inwoners van de stad hadden zich bij de deur van het huis verzameld" (33)) om een beeld te schetsen van de wens en wanhoop van mensen om in Jezus het antwoord te vinden.

Eerder in vers 25 heeft Jezus de onreine geest verboden Zijn identiteit te vertellen; nu herhaalt hij dit verbod aan de "veel demonen" die hij uitdrijft (34b). De meest aannemelijke reden hiervoor is dat de verkeerde opvatting, van een politieke Messias die de Romeinen uit Israël zou verdrijven, het moeilijk zou maken voor Jezus om zijn eigen agenda te houden in zijn bediening. Maar de volgende gebeurtenis laat zien dat dit al een probleem is.

c – Jezus zegt dat onderwijs zijn prioriteit heeft (1:35-39)

Deze korte paragraaf laat zien dat Jezus niet gemanipuleerd wil worden. De opmerking van Simon Petrus, "Iedereen is naar u op zoek", die hij storend bij het bidden maakt, lijkt erop gericht te zijn om Jezus terug te brengen naar Kapernaüm, de locatie van de voorgaande avond vol van genezingen en uitdrijvingen. Maar Jezus weet dat de roep naar wonderen Hem zal weerhouden van onderwijs, dus hij besluit om ergens anders heen te gaan (38-39). Het belangrijkste is de boodschap.

De Spiegellink met gebeurtenis c' (2:13-17) maakt duidelijk dat Marcus onze aandacht wil vestigen op de reden van Jezus' komst. Hier in 1:38 is het om te onderwijzen, in 2:17 is het om zondaren te roepen. Uiteraard zijn dit niet twee redenen maar één: in zijn onderwijs roept Jezus zondaren op om zich te bekeren en te geloven (zie 1:15). Dit is de boodschap van het koninkrijk van God.

d – Jezus geneest een melaatse (1:40-45)

We weten niet precies welke ziekte de man in vers 40 had, maar het zal hem geïsoleerd hebben van normaal contact met mensen. In ieder geval is de man er zeker van dat Jezus' reputatie van de macht hebben over ziekte terecht is: "Als u wilt, kunt u mij rein maken" (40). Voordat hij antwoord geeft, raakt Jezus de man aan (41). Voor ieder ander een domme daad, maar voor Jezus een daad van medeleven (41). "meteen" zegt Marcus, "verdween zijn huidvraat en hij was rein". Jezus is aanstekelijker dan de ziekte!

De Spiegellink met de volgende gebeurtenis (d', 2:1-12) betekent dat we Jezus onderwerping aan de Joodse leiders in 1:44 gaan zien; dit contrasteert met de afkeer van de Joodse leiders naar hem in 2:7. Maar de genezen melaatse, die opdracht kreeg niemand behalve de priester te vertellen wat er gebeurd was, is ongehoorzaam. En deze ongehoorzaamheid maakt het moeilijker voor Jezus om zijn boodschap te vertellen (45).

De eerste vier gebeurtenissen in Blok B laten ons zien dat Jezus macht en medeleven heeft. Er is geen menselijke tegenstand, maar een constant groeiende populariteit. Het contrast met hoofdstuk 2 kan haast niet groter zijn.

Vier gebeurtenissen met menselijke tegenstand (2:1-28)

d' – Jezus geneest een verlamde (2:1-12)

Dit is een verhaal dat Marcus leuk vindt om te vertellen. De beschrijving van de menigte die naar Jezus onderwijs luistert, de onderbreking daarvan als het dak opengebroken wordt en de afdaling van de verlamde man, het is makkelijk in te beelden. De vastberadenheid van de vrienden om hem bij Jezus te brengen, koste wat het kost, is een aanmoediging om te bidden (zie ook 1:30); Jezus reageert hier zeker op "*hun* geloof" (5).

Maar de verassing is dat Jezus iets ziet dat meer nood heeft dan genezing. Hij zegt tegen de man "Vriend, uw zonden worden u vergeven" (5). Jezus zegt niet dat de verlamming door een bepaalde zonde is; maar dat onze grootste nood altijd vergeving van zonden is. Dit is een deel van Zijn boodschap.

Op dit punt ontmoeten we voor de eerste keer in het Evangelie de tegenstand van de Joodse leiders. Hier staan de wetsgeleerden, de theologen van die dag, en ze besluiten dat Jezus God lastert: door zonden te vergeven doet hij wat alleen God mag doen (6).

Het antwoord van Jezus' vraag in vers 9 maakt duidelijk dat het makkelijker is om te *zeggen* "Uw zonden worden u vergeven" dan om te zeggen “Sta op, pak uw bed en loop” want het eerste vereist geen zichtbaar bewijs. Maar nu zegt Jezus de moeilijke zin en geneest de verlamde man fysiek en zichtbaar, waarmee hij bewijst dat hij ook zijn zonden vergeven heeft. Dit dubbele wonder – de vergeving van zonden en de genezing van ziekte – resulteert weer in verbazing (12, zie ook 1:22, 27).

Wanneer hij praat over zijn autoriteit om zonden te vergeven, verwijst Jezus naar zichzelf als de Mensenzoon (10). Deze dubbelzinnige opmerking kan soms verwijzen naar zichzelf (bijvoorbeeld 8:27 en de parallel in Mattheüs 16:13); maar op de lippen van Jezus klinkt vaak de claim op de naam Mensenzoon uit Daniel 7:13-14, die alle naties op een dag zullen aanbidden en wiens koninkrijk (zie ook 1:15) nooit eindigt. Maar er is zoveel dubbelzinnigheid dat de menigte de verwijzing naar Daniëls profetie waarschijnlijk niet zullen zien.

Deze gebeurtenis is belangrijk want het laat zien dat Jezus zonden kan vergeven en zegt God te zijn. Onvermijdelijk resulteert dit in een grote confrontatie met de Joodse autoriteiten, een wederkerend thema door de rest van Deel Eén.

c’ – Jezus roept Levi en eet met zondaren (2:13-17)

Marcus begint deze paragraaf met weer een herinnering dat Jezus toegewijd is aan het prediken van zijn boodschap (13). En hij geeft ons nog een melding van hoe de volgende discipel geroepen wordt (zie ook 1:16-20). Maar dit is geen eerlijke visser, dit is een belastinginner die samenwerkte met de Romeinen en zijn eigen mensen bedroog. We weten niet in hoeverre Levi iets wist over Jezus, maar blijkbaar genoeg om alles achter te laten, en Hem te volgen (14).

Maar het belang van deze situatie is de reactie die enkele Joodse leiders op het feest bij Levi geven. Het feest is bedoeld om zijn nieuwe leven te vieren en om zijn nieuwe vriend te introduceren. De wetsgeleerden zijn er weer, en dit keer zijn ze verontwaardigd omdat Jezus eet met belastinginners en “zondaren” (waarschijnlijk een eufemisme voor prostituees). In de eerste eeuw was samen eten met mensen een uiting van liefde en waardering; in de visie van de wetgeleerden was dit onwaardig gedrag van Jezus kant.

De Spiegellink met Gebeurtenis c (1:35-39) maakt duidelijk wat de betekenis van deze paragraaf, de roeping van Levi is. Het is eigenlijk Jezus’ reactie op de kritiek: “Gezonde mensen hebben geen dokter nodig, maar zieken wel; ik ben niet gekomen om rechtvaardigen te roepen, maar zondaars.” (17). In beide gebeurtenissen zegt Jezus dat hij is gekomen.

Waarschijnlijk verwijst hij naar zijn komst naar de wereld. Maar Marcus wil dat we zien dat Jezus zegt *waarom* hij is gekomen (1:38; 2:17): Om zijn boodschap te prediken en om zondaren te roepen (zie commentaar op 1:35-39). Dit is waar het koninkrijk van God om gaat.

b' – Jezus voorzegt een radicale breuk met het Jodendom (2:18-22)

Nu verergert het conflict met de Joodse leiders, hoewel Marcus niet precies zegt wie het zijn die Jezus vragen waarom Jezus en de discipelen niet twee keer per week vasten, zoals de Joodse traditie vereist.

In reactie gebruikt Jezus drie voorbeelden. De eerste is een bruiloft (19-20): als de bruidegom aanwezig is, gaan de gasten echt niet vasten! De tweede is van kleding (21): je repareert niet een oud kledingstuk met een nieuwe lap stof. En het derde beeld is van wijn en wijnzakken (22): nieuwe wijn en oude wijnzakken zijn een rampzalige combinatie.

Jezus lijkt te verwijzen naar zichzelf als de bruidegom in vers 19 (hoewel de bruidegom afwezig is in het voorbeeld). In het Oude Testament is God zelf de bruidegom, nooit de Messias. Maar hier geeft Jezus zichzelf deze rol. Het is belangrijk om te zien dat de bruidegom "wordt weggehaald" (20), een bijna gewelddadige uitdrukking die kan aansluiten bij vierde profetie over "de Dienaar van de Heere" in Jesaja 53: "Door een onrechtvaardig vonnis werd hij weggenomen" (Jes 53:8).

Jezus' reactie over de nieuwe wijn en oude wijnzakken is erg provocatief. Hij negeert het feit dat oude wijn meestal beter is dan nieuwe wijn, en Jezus beschrijft zichzelf hier als de nieuwe wijn, en de Joodse leiders als oude wijnzakken. Het is zelfs mogelijk om de eerste helft van Blok B te benoemen met "Nieuwe Wijn" (1:21-45) en de tweede helft van Blok B "Oude Wijnzakken" (2:1-28), omdat de vertegenwoordigers van het traditionele Jodendom het duidelijk maken dat ze Jezus niet kunnen verwelkomen of accepteren.

Jezus voorzegt hier een radicale breuk met het Jodendom. Dit is een thema die begint in Deel Eén en is een belangrijke factor in Delen Twee, Drie en Vijf van het evangelie. Het makkelijkst zeggen we dat Jezus en religie niet met elkaar mixen. We moeten kiezen. Maar eerst is er nog één gebeurtenis in Blok B waar we ons op richten.

a' – Jezus is Heer van de Sabbat (2:23-28)

Marcus eindigt Blok B zoals hij het begon: Met een Sabbat-verhaal (zie 1:21-28). Maar het contrast tussen de twee verhalen is schokkend. Aan het begin leken de Joodse autoriteiten nergens te zijn, aan het eind bekritiseren de Farizeeërs Jezus' discipelen dat ze de Sabbatswet overtreden. Er is aardig wat gebeurt in Blok B.

In feite overtreden de discipelen alleen de traditionele interpretatie van de Oud Testamentische Sabbatswet. Jezus komt nog terug op deze 'tradities van voorvaderen' in Deel Drie (zie 7:1-13); hier leert hij ons uit het verhaal van David (zie ook 1:22, nog een link met Gebeurtenis a).

Jezus meest gewaagde opmerking is in vers 28: "en dus is de Mensenzoon ook heer en meester over de sabbat". Dit is een directe uithaal naar de autoriteit van de Joodse leiders: voor hen is de Sabbatswet de meest belangrijke, omdat het mogelijk was om te zien of mensen het ook hielden. Jezus haalt uit naar de wortels van het traditionele Jodendom uit de eerste eeuw.

Zo komen we aan het eind van Blok B. Het is in te denken dat de achtste gebeurtenis een dubbele is (2:23-3:6), omdat beide situaties op een Sabbat zijn. Maar ik denk, dat de schokkende climax van 3:6, waar we zo naar kijken, het makkelijker maakt te zien waarom 3:1-6 deel zijn van Blok C.

En in Blok B zijn we ver genoeg gekomen. Marcus heeft zijn vertelling gestructureerd met grote zorg, omdat hij duidelijk wil maken wat voor spanningen er in elke gebeurtenis voorkomen, gepaard met de tegenstand van de Joodse leiders in d', b', c' en a', die een contrast vormen met de algehele goedkeuring op Jezus' onderwijs en wonderen in Gebeurtenis a, b, c en d. En conflicten leiden tot een confrontatie.

Blok C (3:1-12)

Jezus roept weerstand op door op sabbat te genezen (3:1-6)

Marcus vertelt ons niet hoeveel tijd er tussen deze gebeurtenis en die aan het eind van Blok B bestaat. Hij schetst een dramatische scene, met Farizeeërs (wiens identiteit pas ontdekt word in vers 6) die Jezus in de gaten houden: een man met een verschrompelde hand op sabbat te genezen was een overtreding van hun interpretatie van de wet. (Het is interessant dat ze blijkbaar niet echt betwijfelen of Jezus kon genezen.)

Jezus vraagt de man om op te staan in het publiek – hij gaat dit niet in een hoekje doen. Wanneer de Farizeeërs weigeren om antwoord te geven op zijn vraag in vers 4, schrijft Marcus zijn reactie op: "Hij keek hen boos aan, maar ook diepbedroefd vanwege hun hardleersheid, en toen zei hij tegen de man die in het midden stond: 'Steek uw hand uit.'" (5). Jezus woede en droefheid geven een demonstratie van kracht doordat de man direct helemaal genezen is.

Maar Marcus heeft ons dit verhaal niet vertelt voor zijn eigen belang maar om wat volgt in vers 6: “De farizeeën verlieten de synagoge en gingen meteen met de herodianen overleggen hoe ze hem uit de weg zouden kunnen ruimen.” De Herodianen vormden een politieke groepering die niks gemeen had met de Farizeeërs – behalve de wens om Jezus om te brengen. Deel Eén van de zes Delen is nog niet eens geëindigd maar het besluit om Jezus te vermoorden is al genomen. Marcus’ ervaring in het vertellen van verhalen maakt dat we blijven lezen.

Jezus’ populariteit groeit (3:7-12)

Jezus weet van het plan tegen hem (zie Matth. 12:15), dus Hij trekt zich terug. Maar de menigte vindt Hem snel (7-8). Twee belangrijke elementen in deze paragraaf verdienen een vermelding. Ten eerste besluit Jezus om te preken vanaf een boot op het meer (9-10), zodat de constante vraag om genezing de menigte niet weerhoudt om zijn boodschap te horen. Marcus wil dat we 1:38 herinneren en bereidt ons handig voor op het begin van Blok B van Deel Twee (zie 4:1).

Ten tweede herinnert Marcus ons aan de onreine geesten die Jezus herkennen als de Zoon van God (11). Net als in 1:34 staat Jezus hen niet toe dit door te vertellen (12). Maar Marcus heeft ons al ingeleid in dit geheim: in Blok C noemen de onreine geesten Jezus de Zoon van God, en, toen Jezus gedoopt werd in Blok A, kwam er een stem uit de hemel: “Jij bent mijn geliefde Zoon, in jou vind ik vreugde” (1:11).

Marcus wil dat wij op dezelfde conclusie komen betreffende Jezus.

Leer het Evangelie

De structuur van Deel Eén maakt het erg makkelijk om te leren. Het is niet belangrijk om versnummers te onthouden, het is beter om te letten op de titels van elke paragraaf. Het handigst is om te beginnen met Blok B. Onthoud dat vier gebeurtenissen zonder menselijke weerstand gevolgd worden door vier met veel weerstand.

Nadat Blok B ongeveer in je hoofd zit, moet het makkelijk zijn om Blok A en Blok C te onthouden – ze zijn aardig kort. Het maakt het makkelijker te onthouden dat ze allebei de uitdrukking Zoon van God erin hebben (1:11 en 3:11).

Zodra je de eerste Deel van Marcus’ Evangelie leert, doe je eigenlijk wat de christenen deden in de eerste eeuw.

De Boodschap

A

Doop en verzoeking van Jezus Jezus verkondigt het goede nieuws Jezus roept de eerste discipelen	3

B

a Jezus drijft een onreine geest uit b Jezus geneest de schoonmoeder van Petrus en anderen c Jezus zegt dat onderwijs Zijn prioriteit heeft d Jezus geneest een melaatse	1

d' Jezus geneest een verlamde c' Jezus roept Levi en eet met zondaren b' Jezus voorzegt een radicale breuk met het Jodendom a' Jezus is Heer van de sabbat	2

C

Jezus roep weerstand op door op sabbat te genezen Jezus' populariteit groeit	4

A+C:	Wie is Jezus? – Zoon van God (1:11 / 3:11)
Logica B:	Vier gebeurtenissen zonder en Vier gebeurtenissen met menselijke weerstand

Ontmoeting met de Heer

Zodra je de volgorde duidelijk hebt, kun je beginnen de Heilige Geest toe te laten om Jezus verhaal in jou leven te laten gebruiken. Wees klaar om te bidden zodra je begint met het vertellen van de gebeurtenissen van het deel aan jezelf. Dank Jezus dat de boodschap van het koninkrijk van God gaat om zijn gave van vergeving (2:5) en zijn liefde voor zondaren (2:17). Vergeet niet dat Jezus de Zoon van God is. Ik bid dat je begint met aanbidden zodra je je deze boodschap herinnert. Je zult de Heer ontmoeten.

En als je Marcus navertelt, zul je Jezus herontdekken.

Deel Twee: De Kracht (Marcus 3:13-6:6)

De boodschap van Deel Eén was de komst van Jezus, God grijpt duidelijk in bij menselijke problemen. De Zoon van God laat zijn autoriteit zien en gaat, ondanks de weerstand, door met het uitdelen van zijn liefde aan lijdende mannen en vrouwen. Nu, in Deel Twee, legt Marcus uit hoe dat mogelijk is: waar komt de kracht vandaan die levens verandert?

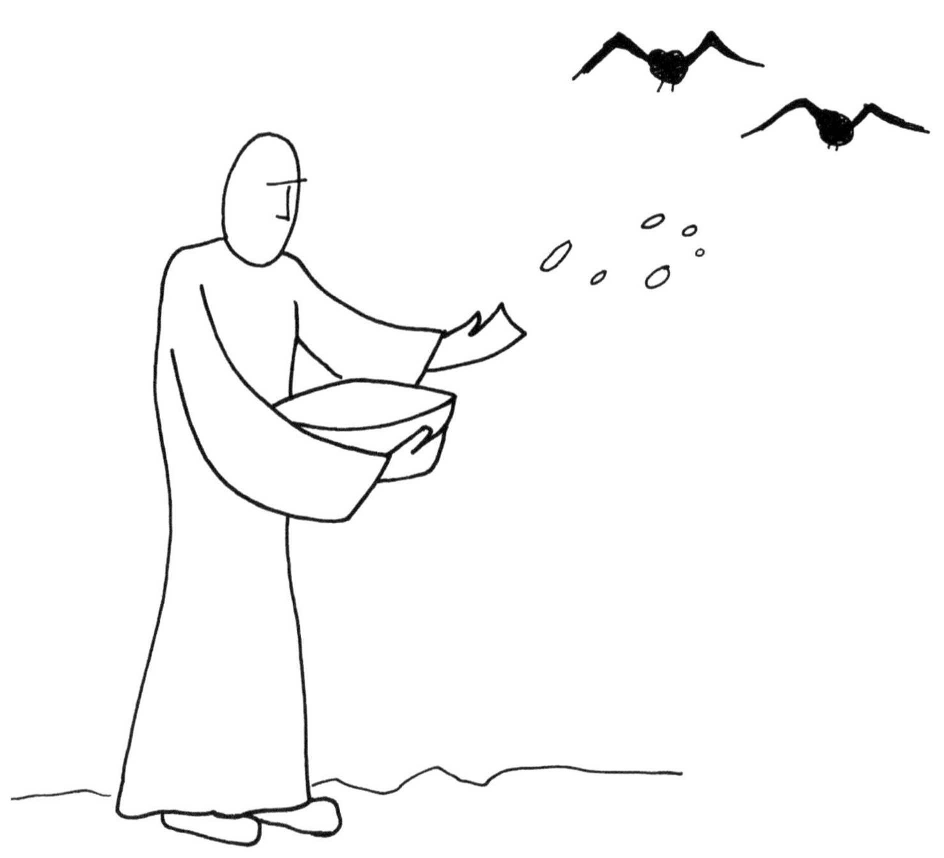

"De zaaier zaait het woord." (Marcus 4:14)

Genieten van het Uitzicht

Blok A (3:13-35)

De 12 apostelen aangesteld (13-19)
Oppositie van de familie (20-21)
Oppositie van de religieuze leiders (22-30)
Opnieuw oppositie van de familie (31-35)

Blok B (4:1-5:43)

a	4:1-20	Gelijkenis: De zaaier
b	4:21-25	Gelijkenis: De lamp
c	4:26-29	Gelijkenis: Het zaad dat ongezien groeit
d	4:30-34	Gelijkenis: Het mosterdzaad
d’	4:35-41	Wonder: De storm gestild
c’	5:1-20	Wonder: Het uitdrijven van Legioen
b’	5:25-34	Wonder: De genezing van de zieke vrouw
a’	5:21-43	Wonder: De opstanding van de dochter van Jaïrus

Blok C (6:1-6)

Oppositie van familie en vrienden (1-6)

Wederom heeft Blok B acht ingrediënten, en weer kunnen ze gesplitst worden in twee groepen van vier. De eerste vier zijn vier gelijkenissen verteld door Jezus, de tweede vier zijn vier wonderen uitgevoerd door Jezus – het is weer duidelijk dat Marcus dit Deel duidelijk gestructureerd heeft.

Blok A en Blok C hebben dit keer het thema “oppositie” gemeen. In Blok A wil de familie van Jezus Hem desnoods met geweld naar huis halen, omdat ze denken dat “hij zijn verstand verloren” is (3:20-21). In Blok C is Jezus aan het prediken in zijn thuisstad Nazareth, en zijn familie werpt zijn boodschap van de hand. En Jezus zegt “Nergens wordt een profeet zo miskend als in zijn eigen stad, onder zijn verwanten en huisgenoten” (6:4). Deze twee markeringen maken het begin en einde van Deel Twee duidelijk.

Een ander thema dat in beide blokken terugkomt is kracht. In Blok A verwijten de wetsgeleerden dat Jezus demonen uitdrijft door de kracht van Satan (3:22), terwijl Marcus in Blok C vertelt “Hij kon daar geen enkel wonder doen, behalve dat hij een paar zieken de handen oplegde en hen genas” (6:5).

Blok B geeft antwoord op de vraag waar die kracht vandaan komt die de levens van mensen kan veranderen en hen in het koninkrijk van God kan brengen. De vier vergelijkingen leren ons dat de kracht het woord van God is, en de vier wonderen leren ons dat de kracht in de persoon van Jezus zelf is.

Voordat we iets beter gaan kijken naar de tekst, is het de moeite waard om te benoemen dat Deel Twee de eerste voorbeelden bevat van de zogenaamde Marcus-sandwiches. Marcus begint graag met een verhaal of een bepaald thema, dat onderbreekt hij dan met iets anders, en dan komt hij weer op het verhaal of thema terug. Dit breekt de volgorde van het verhaal op en brengt wat spanning. Het maakt het ook makkelijker om te leren. De twee voorbeelden hier zijn in hoofdstuk 3:20-35 en in hoofdstuk 5:21-43 te vinden.

Dit is misschien de goede gelegenheid om het geheel van 3:13-6:6 te lezen om een gevoel te krijgen bij de structuur. Het is dan een kleine stap van lezen naar aanbidden.

Uitpakken van de Inhoud

Blok A (3:13-35)

De 12 apostelen aangesteld (3:13-19)

Aan het begin van Deel Eén roept Jezus zijn eerste discipelen (1:16-20); nu aan het begin van Deel Twee kiest hij twaalf uit die hem al volgen. Zij zullen tijd met hem doorbrengen (14), en ze zullen worden uitgezonden met twee taken: prediken en demonen uitdrijven (14-15). Alweer is dit Jezus initiatief.

Erg belangrijk hier is het aantal apostelen. Het lijkt extra uitdagend van Jezus' kant dat hij twaalf mensen uitkiest. Hij heeft al aangegeven dat er een radicale breuk komt met de eerste-eeuws Joden (zie 2:18-22), en enkele leidende Joden hebben al aanstalten gemaakt om hem te vermoorden (3:6). Aan het begin van zijn roeping heeft Jezus veertig dagen in de woestijn gezeten (1:13), wat een toespeling was naar de veertig jaar van de Israëlieten in de woestijn. En nu kiest Jezus twaalf apostelen. Zijn ze er om de twaalf stammen van Israël te vervangen en een fundament te vormen van het nieuwe volk van God? Marcus geeft hierop geen antwoord maar dit thema komt sterk terug in Deel Vijf.

Oppositie van de familie (3:20-21)

Marcus vertelt dat de groeiende populariteit van Jezus betekent dat Jezus en zijn discipelen niet altijd de mogelijkheid hebben om fatsoenlijk te eten. Zijn familie reactie hierbij is dat “hij zijn verstand verloren” is (21); ze besluiten om hem op te halen en mee te nemen naar huis. Deze korte paragraaf is het begin van een Marcus-sandwich met het thema oppositie (20-35).

Oppositie van de religieuze leiders (3:22-30)

De wetsgeleerden zijn waarschijnlijk van Jeruzalem gekomen om hun theologische mening over Jezus te geven. Hij is of bezeten door Satan of onder invloed van occulte praktijken (22). Dit is de bron van zijn kracht.

Dus vertelt Jezus ze dat hun stelling onlogisch is: waarom zou Satan gebruik maken van Jezus om zo de val van zijn eigen koninkrijk te veroorzaken (23-26)? Daarna legt Jezus uit wat er echt gebeurt met de geestuitdrijvingen en genezingen: “Bovendien kan niemand het huis van een sterkere binnengaan om zijn inboedel te roven, als hij die sterkere niet eerst vastgebonden heeft; pas dan kan hij zijn huis leeghalen” (27). Het beeld is duidelijk. De duivel is als een sterke man die mensen in zijn macht houdt als zijn eigendom. Wat er gebeurt bij het Evangelie is dat Jezus sterker is dan Satan, en daardoor mensen vrij kan maken. In Blok B zien we hier een sterk voorbeeld van (5:1-20).

Jezus valt nu zijn aanvallers aan (28-30), door ze te onderwijzen over godslastering tegen de Heilige Geest. Deze Joodse leiders zijn niet onwetend over Jezus of de Oudtestamentische beloften over de Messias: door hem te beschuldigen van een kwade geest die hem bezeten heeft (30), zondigen ze tegen de waarheid – wetend en welwillend. Voor deze zonde tegen de heilige geest, zegt Jezus, is geen vergeving.

Dit lijkt de Bijbel tegen te spreken, waar God graag vergeeft wie zich bekeert en Hem vertrouwt. De oplossing van de puzzel is dat zij, die gelasterd hebben tegen de Heilige Geest, zich niet bekeren en niet vragen voor vergeving. Dit is geen onbewuste zonde, maar een opzettelijke zonde. En niet zomaar een opzettelijke zonde, maar het opzettelijk toeschrijven van het licht en de waarheid van God, aan Satans leugens en duisternis.

Dus de persoon die zich zorgen maakt dat hij of zij deze zonde heeft gedaan, heeft het niet gedaan; als dat het geval was, zou hij of zij zich geen zorgen maken. Nog één ding dat hierover gezegd moet worden: we hebben niet het recht om te bepalen op welk punt iemand deze onvergefelijke zonde heeft gedaan. Zelfs Jezus zegt hier niets over – hij zegt niet tegen de wetsgeleerden dat ze al op het punt zijn dat er geen weg terug is, hij waarschuwt ze dat dit gaat gebeuren als ze doorgaan met het ontkennen van de waarheid.

Opnieuw oppositie van de familie (3:31-35)

De familie is aangekomen en wil met Jezus spreken; dit maakt de Marcus-sandwich die in 3:20-21 begon, compleet. Jezus reageert en maakt duidelijk dat hij een nieuwe familie heeft: "Want iedereen die de wil van God doet, die is mijn broer en zuster en moeder" (35). Hij verwijst naar het nieuwe volk van God, van wie de twaalf apostelen het begin zijn (13-19).

De oppositie tegen Jezus in Blok A moet de pas gekozen apostelen doen afvragen of Jezus echt van God komt: waarom zijn de mensen die hem het beste kennen (zijn familie) en de mensen die de schriften het beste kennen (wetsgeleerden) tegen Jezus? Het eerste ingrediënt van Blok B geeft hier een antwoord op.

Blok B (4:1-5:43)

Vier gelijkenissen over de kracht van het woord van God (4:1-34)

a – De gelijkenis van de zaaier (4:1-20)

Jezus had al geregeld dat er een boot klaar zou liggen (zie 3:9) en nu gebruikt hij deze zodat hij de menigte op het strand kan onderwijzen (1-2). Marcus maakt duidelijk in vers 2 dat hij maar een paar gelijkenissen opschrijft hier in Hoofdstuk 4 (vgl. Mattheüs' zeven gelijkenissen in het parallel lopende stuk Matth. 13).

In vers 13 noemt Jezus de gelijkenis van de zaaier de belangrijkste: "Begrijpen jullie deze gelijkenis niet? Hoe zullen jullie alle andere gelijkenissen dan begrijpen?" De eerste reden dat deze gelijkenis zo belangrijk is, is omdat het gaat om het luisteren naar Gods woord. Jezus zegt al tijdens het vertellen "Luister!" (3a) en "Wie oren heeft om te horen, moet goed luisteren!" (9). En de uitleg in vers 14-20 is heel specifiek: "het woord" wordt in elk vers genoemd. De gelijkenis gaat over hoe we horen wat God tegen ons zegt.

De tweede reden dat deze gelijkenis het belangrijkst, is dat het uitlegt waarom Jezus oppositie krijgt waarvan we al wat zagen in Blok A. Waarom komt niet iedereen haastig naar Jezus toe? Omdat er vier soorten harten zijn, zegt de gelijkenis. Harde harten (15), oppervlakkige harten (16-17), overvolle harten (18-19) en open harten (20). In andere woorden, de discipelen zijn niet verrast dat Jezus afgewezen wordt – dat was te verwachten. Wanneer het woord van God geleerd wordt kunnen we teleurstelling en vruchten verwachten: teleurstelling over de oppositie en vruchten als Jezus door mensen herkend wordt en hij aanspraak maakt op hun leven. Dit is een les die de discipelen nooit weer vergeten.

Maar hoe kunnen we vers 10-12 begrijpen en uitleggen? Bedoelt Jezus dat God niet wil dat mensen naar hem terugkeren en vergeven worden? Het antwoord op die vraag moet wel nee zijn. Jezus vertelt zijn discipelen in vers 11 dat er twee soorten mensen zijn: de buitenstaanders, die Gods boodschap niet begrijpen en daarom afwijzen, en de ingewijden, die het misschien niet begrijpen, maar aan Jezus' hulp vragen (zie 10, 34). De gelijkenissen zijn geen intelligentietest, maar een openheid-test, ontworpen om te laten zien bij welke groep elke luisteraar hoort. Geestelijk open mensen willen meer weten en vragen Jezus daarom om hulp. Dit geldt vandaag nog steeds.

Er is één deel van de gelijkenis van de zaaier dat Jezus niet uitlegt in vers 14-20. "De zaaier zaait het woord" (14), maar wie is de zaaier? Heeft Jezus het over God die de boodschap zaait of over ons, zijn discipelen, die de boodschap zaaien? Het antwoord is bijna zeker weten "beide!" Maar wie de boodschap ook deelt, de kracht om levens te veranderen is in het woord van God.

b – De gelijkenis van de lamp (4:21-25)

In deze tweede gelijkenis vergelijkt Jezus het woord met een lamp. De les van Gods boodschap laat ons zien wat voor soort mensen we zijn, of we geestelijk open of gesloten zijn. Als ik niet echt luister dan zal ik niet veel begrijpen van wat ik tot nu toe begreep van Gods woord; maar als ik open sta voor God zal ik meer en meer begrijpen (25). Zo krachtig is Gods woord.

c – De gelijkenis van het zaad dat ongezien groeit (4:26-29)

Alleen Marcus vertelt deze gelijkenis: Het past precies in zijn thema van Blok B. Jezus benadrukt nogmaals welke kracht het woord van God bezit. Nadat het zaad gezaaid is, zal er zeker groei zijn, en de groei is niet afhankelijk van de zaaier: "hij slaapt en staat weer op, dag in dag uit, terwijl het zaad ontkiemt en opschiet, ook al weet hij niet hoe" (27).

Jezus bemoedigt zijn ontmoedigde discipelen. Wanneer het woord van God gezaaid wordt, groeit het zeker: "De aarde brengt uit zichzelf vrucht voort" (28). En ook de oogst is zeker, zoals vers 29 duidelijk maakt. Dus er is geen geheim ingrediënt dat groei bewerkt als Gods woord gezaaid word, zegt Jezus: de kracht is het woord zelf.

d – De gelijkenis van het mosterdzaad (4:30-34)

De boodschap is hier ongeveer hetzelfde als bij de vorige gelijkenis. Maar nu benadrukt Jezus de kracht van God in twee opzichten: ten eerste kiest hij het kleinst bekende zaadje uit de eerste eeuw, om te laten zien wat voor een schijnbaar onbeduidend begin de boodschap van het koninkrijk heeft. En, ten tweede, "wordt het het grootste van alle planten" (32). Het feit dat "de vogels van de hemel in zijn schaduw kunnen nestelen" (32) geeft aan dat dit niets minder dan een flink gegroeide volwassen plant is. In elk geval is Jezus er zeker van dat het koninkrijk van God gaat groeien, omdat het woord van God zoveel kracht heeft.

We hoeven niet ver te kijken om uit te vinden waarom Marcus juist deze gelijkenissen heeft opgeschreven van alle die hij kent (33). Vier gelijkenissen – gevolgd door vier wonderen in 4:35-5:43 – maken dat de gekozen structuur blijft bestaan voor Marcus' Evangelie. En in alle vier de gelijkenissen vertelt Jezus ons over de kracht van Gods woord.

Vier wonderen over de kracht van Jezus (4:35-5:43)

d' – De storm gestild (4:35-41)

Waarom heeft Marcus deze vier wonderen gekozen voor de tweede helft van Blok B? Het antwoord is niet moeilijk te vinden. Ze tonen ons de kracht van Jezus aan het werk in alle aspecten van het leven: Kracht over natuur (4:35-41), over kwaad (5:1-20), over ziekte (5:25-34) en over dood (5:21-43). Als Jezus Heer is over deze vier gebieden waarin wij als mensen constant onze zwakte ervaren, dan is hij Heer over alles. De vertakkingen, die de discipelen beginnen te zien in 4:41, zijn beangstigend en verpletterend. Als we beter kijken naar het eerste wonder, zal alles duidelijk worden.

Marcus schetst een levendig beeld van de wildheid van de storm (37). De discipelen, waaronder vier ervaren vissers die bekend zijn met het meer van Galilea en het weer daarbij, denken dat er een reële kans bestaat dat de boot zinkt en ze allen zullen verdrinken (38). Waarschijnlijk zijn ze stomverbaasd dat Jezus het voor elkaar krijgt om te slapen; vermoedelijk wekken ze hem omdat ze een wonder nodig en mogelijk vinden.

Marcus laat nu zien dat Jezus de controle over de situatie heeft. Er zijn ten minste twee verassingen in vers 39: eerst spreekt Jezus tegen de wind en de golven met woorden die je gebruikt om een hond stil te krijgen: "Zwijg! Wees stil!". En daarbij, de natuur gehoorzaamt ook nog. Het is al verbazingwekkend genoeg dat de wind stopt met blazen, maar ook de golven verdwijnen direct, in plaats van dat ze de tijd nodig hebben om te bedaren: "het meer kwam helemaal tot rust." Voor Jezus was dit niet verwonderlijk: "Hij zei tegen hen: 'Waarom hebben jullie zo weinig moed? Geloven jullie nog steeds niet?'" (40)

Door middel van de structuur wil Marcus dit wonder koppelen aan de gelijkenis van het mosterdzaad. Zoals bij het mosterdzaad, gaat de vraag om wie er aan het roer staat (41). Het is een klein begin; maar met dit overweldigende wonder en de vraag die het wonder oproept, start Jezus een proces dat niet alleen de discipelen, maar miljoenen mannen en vrouwen laten inzien wat de kracht van Jezus is. Nu ik deze woorden zo schrijf en jij ze nu leest, zijn velen van ons deel van “het grootste van alle planten” (32).

c’ – De uitdrijving van Legioen (5:1-20)

Marcus lijkt dit wonder te willen koppelen aan de gelijkenis van het geheim groeiende zaad met een puur verbale connectie: de zin “dag en nacht” staat in Marcus’ Evangelie alleen in 4:27 en 5:5 (in de NBV anders vertaald dan in het Engels). Maar er is meer hier. Het kwaad is constant aan het werk om mensen te vernietigen (zie 5:5), maar het koninkrijk van God groeit constant (zie 4:27). En deze gebeurtenis laat zien welke sterker is.

Alweer overdrijft Marcus de onmacht van mensen om de machten van het kwaad, die in deze man huishouden, te bedwingen (1-5): “niemand was sterk genoeg om hem te bedwingen” (4). Het is een verschrikkelijk beeld van de destructieve krachten van zonde en kwaad. Alweer herkennen de demonen wie Jezus is (7). Een vreemde conversatie volgt, waarin Legioen lijkt te willen onderhandelen met Jezus over wat er gaat gebeuren, en hij vraagt om in de varkens gestuurd te worden.

Hierover komen veel vragen in ons op, maar we moeten niet toestaan dat dit ons afleidt van waarom Marcus dit vertelt. De kracht van demonen is enkel zo groot als Jezus toestaat – en ze erkennen dat feit: “Hij stond hun dat toe. Toen de onreine geesten de man verlaten hadden, trokken ze in de varkens” (13a). Kwaad is geen partij voor de majesteitelijke kracht van Jezus.

De reactie van mensen op dit wonder is angst (15b, zie ook 4:41), niet omdat ze de varkens kwijt zijn, maar omdat ze onomstotelijk bewijs hebben Jezus kan doen in iemands leven: “zagen de bezetene daar zitten, gekleed en bij zijn volle verstand … en ze werden door schrik bevangen” (15). Ze waren bang voor Jezus en zijn kracht.

Jezus laat niet toe dat de bevrijde man met hem meegaat: hij moet zijn familie vertellen wat God voor hem gedaan heeft (19) – hoewel deze woorden waarschijnlijk niet nodig waren voor zo’n radicale transformatie! In deze situatie geeft Jezus geen opdracht om stil te blijven (zoals in 1:44 en later in 5:43), waarschijnlijk omdat dit een Heidense omgeving is (1, 20 – het was Joden niet toegestaan om varkens te houden) en de mensen hebben dus geen misvattingen over wie de Messias is, omdat er waarschijnlijk ook geen vooroordelen waren over hoe God door de Messias zou gaan doorbreken in de geschiedenis van de mensheid.

Marcus eindigt zijn relaas met een vermelding over de man die begint het verhaal rond te vertellen over wat Jezus (niet God) voor hem heeft gedaan (20). Of de man doorheeft dat Jezus God is, is twijfelachtig. Wat zeker is, is de reden voor Marcus om ons deze boodschap te geven: de verbijsterende kracht van Jezus om levens te veranderen is niets anders dan de kracht van God. Dit is een antwoord op de vraag van de discipelen in 4:41.

b' – De genezing van de zieke vrouw (5:25-34)

Dit wonder is middenin een Marcus-sandwich, een onderbreking van de voortgang van Jezus op zijn weg om Jaïrus' dochter te genezen. Alweer laat Marcus het onmogelijke van de situatie zien: de vrouw lijdt al twaalf jaar aan interne bloedingen, en de vele dokters hebben de situatie alleen maar verergerd (25-26). Dus ze is ernstig ziek, ritueel onrein, extreem arm en ongelofelijk eenzaam. Ze komt achter de menigte naar Jezus, raakt zijn kleed aan en is direct genezen (27-28).

Nu zegt Marcus: "luister hiernaar: Jezus heeft zoveel kracht dat mensen genezen worden zelfs zonder zijn beslissing om hen te genezen!" De kracht van God pulseert door zijn persoonlijkheid zoals bloed door zijn aderen gaat.

Maar Jezus weet dat er iets gebeurd is: "Op hetzelfde ogenblik werd Jezus zich ervan bewust dat er kracht uit hem was weggestroomd" (30a). Ondanks de ongelovigheid van de discipelen in vers 31 is Jezus vastberaden om te vinden wie van alle mensen die hem aanraakten in de groep, hem opzettelijk had aangeraakt. En hij wacht tot de vrouw tevoorschijn komt en hem "de hele waarheid" vertelt (33). Voor de tweede keer in dit Evangelie reageert Jezus op geloof (34, zie ook 2:5).

Deze bijzondere – want onopzettelijke – genezing door de kracht van Jezus zou ons moeten vullen met ontzag. Maar Marcus wil dat we ook iets anders zien. De structuur in Blok B koppelt dit wonder (b') aan de gelijkenis met de lamp (b, 4:21-25). Het is makkelijk te denken aan de genezing van de vrouw bij het lezen van 4:22: "Alles wat verborgen is, moet openbaar worden gemaakt, en alles wat in het geheim is ontstaan, moet aan het licht komen." Dit is precies wat Jezus doet in 5:30-34, en het is ook wat zijn kracht in ons leven wil doen.

a' – De opstanding van de dochter van Jaïrus (5:21-43)

De hoog oplopende wanhoop van de leider van de synagoge (22) moet het gesprek van Jezus met de vrouw voor hem haast ondraaglijk gemaakt hebben; en natuurlijk, het nieuws dat zijn dochter gestorven is, komt (35). Maar Jezus keert zich naar Jaïrus met de woorden: “Wees niet bang, maar blijf geloven” (36).

Het lijkt erop dat Jaïrus Jezus aan zijn woord wil gaan houden – hij raadt hem niet af door te gaan met de reis. Misschien heeft het geloof van de vrouw zijn geloof ook versterkt. En wanneer Jezus aankomt bij het huis en zegt “Waarom maken jullie zo’n misbaar en huilen jullie? Het kind is niet gestorven, het slaapt” (39), is het niet Jaïrus en zijn vrouw die spottend lachen uit ongeloof, maar de anderen die om het dode meisje rouwen.

Marcus koppelt deze gebeurtenis aan de gelijkenis van de zaaier (a, 4:1-20). Wanneer Gods woord verkondigd wordt, zullen er altijd verschillende reacties zijn: Sommigen zullen lachen en de boodschap afwijzen, maar sommigen zullen geloven. En in beide gebeurtenissen is er een groep buitenstaanders en een groep ingewijden (4:11 en 5:40).

Maar laten we teruggaan naar Jaïrus huis. In 4:39 heeft Jezus gesproken tegen het weer; nu, in 5:41 spreekt hij tegen een dood meisje – en ze gehoorzaamt: “Meteen stond het meisje op en begon heen en weer te lopen” (42). Typerend voor Jezus is dat hij weer opdracht geeft om dit wonder stil te houden; en, zich de verwondering inbeeldend, herinnert hen eraan dat het kleine meisje waarschijnlijk honger heeft (43).

Marcus’ boodschap kan niet duidelijker. De kracht van Jezus is zo groot dat natuur, kwaad, ziekte en zelfs dood hem moeten gehoorzamen. Er is geen situatie waarin Jezus geen uitkomst heeft. Dit is een uitnodiging om onze problemen aan hem te vertellen en te vertrouwen in zijn goddelijke macht.

De structuur van Blok B en Marcus’ meesterlijke vertelling hebben de vraag beantwoord hoe mensenlevens veranderd kunnen worden. De gelijkenissen vertellen ons dat de kracht zit in het woord van God; de wonderen vertellen ons dat de kracht in de persoon van Jezus zit. En er is geen verschil tussen die twee: het is Jezus die de woorden van God spreekt in 4:1-34 en zijn woorden die verandering brengen bij de wonderen van 4:35-5:43 (zie 4:39; 5:8, 34, 41). Marcus nodigt ons aan om hem te geloven.

Blok C (6:1-6)

Oppositie van familie en vrienden (6:1-6)

Marcus’ korte conclusie van Deel Twee haalt ons terug naar de wereld van sceptici en weerstand. Jezus is in Nazareth, waar hij geleefd heeft als kind, later is hij verhuis naar Kapernaüm (zie 2:1). Maar wanneer Jezus in zijn thuis-synagoge komt, wordt hij onthaald met cynische verwondering: "Hij is toch die timmerman, de zoon van Maria en de broer van Jakobus en Joses en Judas en Simon? En wonen zijn zusters niet hier bij ons?" (3) En Marcus legt uit wat dit betekent door toe te voegen: "En ze namen aanstoot aan hem" (3b).

Jezus weet precies welk principe hier aan het werk is: "Nergens wordt een profeet zo miskend als in zijn eigen stad, onder zijn verwanten en huisgenoten" (4). En dus, in sterk contrast met de krachtige werken in Blok B, "Hij kon daar geen enkel wonder doen, behalve dat hij een paar zieken de handen oplegde en hen genas" (5). Nadat zoveel mensen verwonderd waren door Jezus (zie 1:22, 27; 2:12; 5:20, 42), is het nu zijn beurt om verrast te worden door hen – of eigenlijk hun gebrek aan geloof (6).

Dus Deel Twee eindigt met teleurstelling. Met het einde van Deel Eén zijn de religieuze leiders bezig zijn ondergang te plannen (3:6), Deel Twee eindigt met oppositie van hen die hem het beste denken te kennen.

Leer het Evangelie

Deel Twee is makkelijk te leren. Start weer met Blok B: het neemt niet meer dan een paar minuten in beslag om de vier gelijkenissen en de vier wonderen te leren. Geen zorgen over de details – die kun je toevoegen nadat je de basis gelegd hebt.

Blok A en Blok C zouden geen probleem moeten zijn. Onthoud dat het thema van de afwijzing van de familie in beiden gevonden wordt. De extra ingrediënten van Blok A zijn het roepen van de apostelen en de Joodse leiders die Jezus afwijzen in het midden van een Marcus-sandwich.

Neem de tijd om dit deel te leren: ik weet zeker dat de eerste Christenen dit deden. Hoe beter we het Evangelie kennen, hoe beter we Jezus leren kennen.

De Kracht

A

De 12 apostelen aangesteld	3
Oppositie van de familie	
Oppositie van de religieuze leiders	
Opnieuw oppositie van de familie	

B

a Gelijkenis: De zaaier	1
b Gelijkenis: De lamp	
c Gelijkenis: Het zaad dat ongezien groeit	
d Gelijkenis: Het mosterdzaad	

d' Wonder: De storm gestild	2
c' Wonder: Het uitdrijven van Legioen	
b' Wonder: De genezing van de zieke vrouw	
a' Wonder: De opstanding van de dochter van Jaïrus	

C

Oppositie van familie en vrienden	4

A+C:	Oppositie
Logica B:	Vier gelijkenissen – de kracht van het woord Vier wonderen – de kracht van Jezus

Ontmoeting met de Heer

Zodra je de mogelijkheid genomen hebt om Deel Twee door je gedachten te laten gaan, vind je jezelf waarschijnlijk biddend en aanbiddend. Je wilt misschien bidden over je ervaring om het goede nieuws te verspreiden aan anderen als je de gelijkenissen van Blok B terughaalt: vraag de Heere om je te helpen niet verbaasd te zijn als je boodschap wordt afgekeurd, maar vraag hem om je te laten verwachten dat er ook iemand positief op reageert.

En je zult ertoe geroepen worden te aanbidden als je de wonderen van Blok B herbeleeft. Kijk naar Jezus' autoriteit in alle aspecten van leven; deel de verwondering van enkelen in de menigte; en vraag hem om zijn kracht in jou en door jou te vertonen, vandaag.

Ik bid dat je, als je Marcus navertelt, Jezus herontdekt.

Deel Drie: De Training (Marcus 6:7-8:30)

Tot nu toe in het Evangelie hebben de discipelen genoeg mogelijkheden gekregen om Jezus woorden en daden van kracht te zien, en ze zijn zich gaan afvragen "Wie is hij toch?" (4:41) Maar de grootste groep zijn toeschouwers geweest, kijkend en luisterend. Nu, in Deel Drie, betrekt Jezus de discipelen er meer bij en traint hij hen in discipelschap en het herkennen wie hij is (8:29).

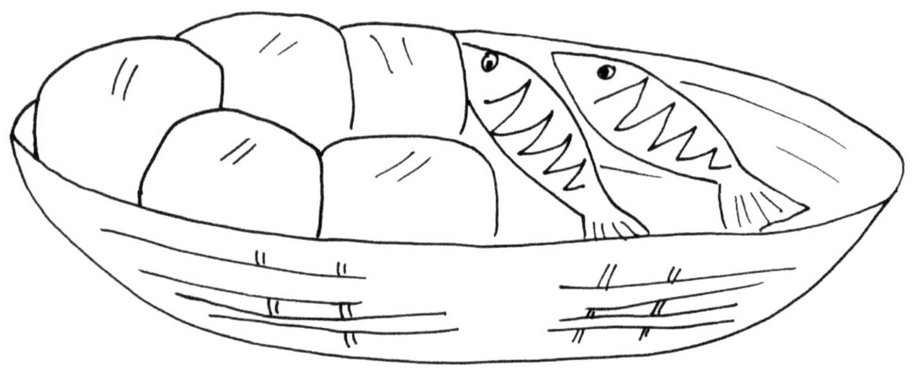

"Iedereen at en werd verzadigd." (Marcus 6:42)

Genieten van het Uitzicht

Blok A (6:7-33)

Jezus zendt de twaalf uit (7-13)
De dood van Johannes de Doper (14-29)
De twaalf komen terug bij Jezus (30-33)

Blok B (6:34-8:10)

a	6:34-44	De spijziging van de 5000
b	6:45-52	Jezus loopt op het water
c	6:53-56	Jezus geneest in Gennesaret
d	7:1-13	Het woord van God en de traditie van mensen
d’	7:14-23	Wat maakt de mens onrein?
c’	7:24-30	Jezus en de Syro-Fenicische vrouw
b’	7:31-37	Jezus geneest een doofstomme man
a’	8:1-10	De spijziging van de 4000

Blok C (8:11-30)

De Farizeeërs vragen om een teken (11-13)
De verwarring van de discipelen (14-21)
De genezing van de blinde man in twee fasen (22-26)
De belijdenis van Petrus over Jezus (27-30)

Marcus’ centrale blok van acht gebeurtenissen (Blok B) begint en eindigt met een wonderlijke spijziging van een grote menigte. In beide gevallen betrekt Jezus de discipelen erbij, als onderdeel van hun training. In het midden van dit blok, de gebeurtenissen d en d’, valt Jezus aan op twee elementen van de traditionele eerste eeuws Joodse leer: de tradities van de voorouders en het probleem van wat mensen onrein maakt voor God. Deze twee gebeurtenissen zijn het scharnier waar heel Blok B om draait: in Gebeurtenis a, b en c heeft Jezus drie keer een woordenwisseling met Joden, en in Gebeurtenis c’, b’ en a’ met de Heidenen. Er zijn dus zowel duidelijke veranderingen als een interne logica in de structuur van Blok B.

Ook hier hebben Blok A en Blok C een punt met elkaar gemeen. Hier zijn het de hoofdpersonen Herodes en Johannes de Doper. In Blok A vertelt Marcus het verhaal van de dood van Johannes de Doper door Herodes’ initiatief (6:14-29). In Blok C, wanneer Jezus de discipelen vraagt wat het oordeel van de menigte is, over wie Jezus is. Een van de antwoorden is Johannes de Doper (8:28). En fascinerend, Jezus waarschuwt zijn discipelen net eerder voor “de zuurdesem van de Farizeeërs en voor de zuurdesem van Herodes” (8:15). Mattheus zegt dat in daarop lijkende teksten: “zuurdesem van de Farizeeërs en de Sadduceeën” (Mat 16:11). Hier lijkt Marcus opzettelijk markeringen te plaatsen om het begin en eind van Deel Drie duidelijk te maken.

Er zijn twee Marcus-sandwiches in dit deel. Heel Blok A valt onder deze categorie: de vermelding van de dood van Johannes de Doper wordt “gesandwicht” tussen het zenden en terugkomen van de twaalf discipelen (6:7-33). De tweede sandwich kan gevonden worden in, heel toepasselijk, Blok C. Marcus vertelt het verhaal van de genezing in twee fasen van een blinde man (8:22-26); vooraf vermeldt hij de verwarring van de discipelen (14-21), en daarna hun overtuiging, eindelijk, dat Jezus de Messias is (27-30).

Voordat we dieper in de tekst gaan, neem de tijd om Marcus 6:7-8:30 te lezen. Je kunt God vragen om jou te trainen, zoals hij de eerste discipelen toen trainde.

Uitpakken van de Inhoud

Blok A (6:7-33)

Jezus zend de twaalf uit (6:7-13)

Aan het begin van Deel Eén roept Jezus zijn eerste discipelen (1:16-20). Aan het begin van Deel Twee kiest hij de twaalf apostelen (3:13-19); en nu, nu Deel Drie begint, zendt hij ze uit voor een trainingsmissie. Zoals we al gezien hadden, begint hier een Marcus-sandwich.

Jezus’ instructies in vers 8-10 zijn ontworpen zodat het verplicht is voor de discipelen om op God te vertrouwen in al hun benodigdheden. Als zij niet welkom zijn of de boodschap niet welkom is in een dorp of stad, zegt Jezus ze “dan moet je daar weggaan en het stof van je voeten schudden” (11), een teken dat de reactie van de mensen niet de verantwoording van de discipelen is.

De apostelen doen drie dingen tijdens hun missie: Ze verkondigen de noodzaak van bekering (12), ze drijven demonen uit en ze genezen vele zieken (13). Maar hier gebeurt ook iets anders. In plaats van simpelweg te luisteren en te kijken naar Jezus, leren ze door te doen. Dit is een belangrijk onderdeel van Jezus’ training aan zijn discipelen.

De dood van Johannes de Doper (6:14-29)

Marcus vertelt ons dit verhaal in detail, maar een bijzonder feit is dat deze gebeurtenis niet chronologisch correct geplaatst is: Johannes is al enige maanden dood op dit punt van het Evangelie.

Dit wekt de vraag op waarom Marcus gekozen heeft om ons nu te vertellen van Johannes' dood. Zijn sandwich (7-33) vertelt het antwoord. Hoewel Marcus' aandacht uitgaat naar Herodes' schuldige angst en zijn slechte geweten in vers 16-29, maakt de bredere context van de verzen 7-13 en 30-33 het voor de hand-liggend dat dit een waarschuwing is met betrekking tot het discipelschap. De missie van de apostelen (7-13) lijkt vanuit vers 13 een succes; Als ze terugkomen vertellen ze vol enthousiasme wat ze hebben meegemaakt (zie 30). Maar Marcus wil dat we ook de prijs van het discipel zijn te weten komen. Johannes de Doper was een trouw volgeling van Jezus: "Johannes had namelijk tegen Herodes gezegd: 'U mag niet trouwen met de vrouw van uw broer'" (18). Maar Johannes' trouw kostte hem zijn leven (26-29).

Dus dit is de boodschap van Marcus in Blok A: we moeten niet naïef zijn over wat Jezus volgen betekent. De discipelen ervaren de kracht van God wanneer Jezus ze uitzendt, maar de discipelen ontmoeten ook vervolging en zelfs de dood voor Jezus' naam en het Evangelie.

De twaalf komen terug bij Jezus (6:30-33)

Marcus maakt de sandwich compleet door het einde van de trainingsmissie te vertellen: "De apostelen kwamen weer terug bij Jezus en vertelden hem over alles wat ze gedaan hadden en wat ze de mensen onderwezen hadden" (30). In zijn zorg voor hen ziet Jezus hun behoefte om te eten en te slapen (31-32), maar dit wordt niet toegestaan door de volharding van de menigte (33). Discipelschap, vertelt Marcus ons in Blok A, heeft een positieve en een negatieve kant.

Blok B (6:34-8:10)

Drie ontmoetingen met Joden (6:34-56)

a – De spijziging van de 5000 (6:34-44)

Dit is het enige wonder van Jezus dat in alle vier de Evangeliën geschreven staat, en daarnaast vermelden Mattheus en Marcus de spijziging van de 4000 (zie 8:1-10). Wat is er zo belangrijk aan het voeden van een grote menigte?

Het antwoord wordt gevonden in de profetie van Jesaja in het Oude Testament. In een stuk dat vooruitkijkt naar het einde der tijden, schrijft Jesaja het volgende: "Op deze berg richt de Heer van de hemelse machten voor alle volken een feestmaal aan: uitgelezen gerechten en belegen wijnen, een feestmaal rijk aan merg en vet, met pure, rijpe wijnen. Op deze berg vernietigt hij het waas dat alle volken het zicht beneemt, de sluier waarmee alle volken omhuld zijn. Voor altijd doet hij de dood teniet. God, de Heer, wist de tranen van elk gezicht, de smaad van zijn volk neemt hij van de aarde weg – de Heer heeft gesproken" (Jes 25:6-8). Vandaag noemen we dit een poëtische beschrijving van de hemel; de Joden uit de eerste eeuw zouden dit grote feest het messiaanse feestmaal noemen, waarbij de Messias zelf de gastheer zou zijn.

De spijziging van de 5000 is, uiteraard, niet het messiaanse feestmaal, maar het is een voorafbeelding. Joden die het Oude Testament en de profetieën kennen, zouden direct denken aan Jesaja 25 en zien dit wonder als een aanwijzing dat Jezus de beloofde Messias is. In het vierde evangelie vermeldt Johannes dat, nadat de mensen getuige waren van dit wonder, ze probeerden om Jezus hun politieke koning te maken (Joh 6:14-15). We merken ook dat Jezus in het voorbijgaan let op de noden van de menigte. Marcus schrijft: "Toen hij uit de boot stapte, zag hij een grote menigte en voelde medelijden met hen, omdat ze leken op schapen zonder herder, en hij onderwees hen langdurig" (34). Het medicijn voor de verlorenheid van de menigte is niet een wonder, maar de prediking. Wat mannen en vrouwen het meest nodig hebben, is de waarheid horen over zichzelf en over God.

Maar laten we teruggaan naar het wonder. Jezus gebruikt deze situatie opzettelijk om zijn discipelen te trainen. Als ze hem zeggen dat hij de menigte weg moet sturen zodat ze eten kunnen halen, zegt Jezus kalm: "Geven jullie hen maar te eten" (37a). De discipelen leggen Jezus uit "Moeten wij dan voor tweehonderd denarie brood gaan kopen?!" (37b), waarna Jezus nadruk legt op het onmogelijke van de situatie door ze te vragen: kijk eens hoeveel eten beschikbaar is – vijf broden en twee vissen!

Jezus zet zijn discipelen opzettelijk in de positie waarin ze voor het blok staan. Hij deed dat al in Blok A (zie 7-13) , en hier doet hij het weer. Dit deel van de training moet ervoor zorgen dat ze gaan zien dat ze het niet zelf kunnen, zonder God, en om te zien dat het woord "onmogelijk" niet in Gods woordenboek staat.

Jezus betrekt de discipelen er weer bij als het wonder begint: "Hij nam de vijf broden en de twee vissen, keek omhoog naar de hemel, sprak het zegengebed uit, brak de broden en gaf ze aan zijn leerlingen om ze aan de menigte uit te delen" (41). Dit is opnieuw hetzelfde principe: De discipelen zijn niet langer toeschouwers; ze leren door te doen. De discipelen zijn getraind om betrokken te zijn bij Jezus' doel en ze erkennen wie hij is.

Aan het eind van de paragraaf onderstreept Marcus de grootheid van het wonder door te vermelden dat, nadat iedereen genoeg gegeten had. "ze haalden de overgebleven stukken brood op, waar wel twaalf manden mee konden worden gevuld, en ook wat er over was van de vissen" (43). Als ik mensen uitnodig voor een maaltijd, blijft er aan het eind minder eten over dan aan het begin; bij Jezus is het andersom!

b – Jezus loopt over het water (6:45-52)

Nu laat Jezus een andere manier van training zien aan de discipelen. Dit wonder is er niet een waarbij ze actief bij betrokken zijn – totdat Petrus vraagt of ook hij op het water mag lopen. (Maar Marcus heeft ervoor gekozen dit niet in zijn Evangelie te beschrijven.) Dit wonder is ongebruikelijk in het Evangelie van Marcus als een die alleen gericht is aan de discipelen. Ze zijn geen getuigen van iets wat Jezus doet voor anderen; hij doet dit voor hen. Dit is ook onderdeel van de training.

Marcus vertelt ons in vers 52: "ze waren niet tot inzicht gekomen door wat er met de broden was gebeurd, omdat ze hardleers waren". Dus dit wonder lijkt ontworpen te zijn om de discipelen te laten zien wie Jezus is. En inderdaad, net voor Jezus in de boot klimt, kalmeert hij hun angst door te zeggen "Blijf kalm, ik ben het" (50). Het Griekse "Ik ben het" is hetzelfde als "Ik ben", de naam waarmee God zichzelf bekend maakte in het Oude Testament (zie bijvoorbeeld Ex 3:14). Maar de discipelen begrijpen de boodschap nog niet.

c – Jezus geneest in Gennesaret (6:53-56)

"Zodra ze uit de boot stapten", schrijft Marcus, "herkenden de mensen Jezus" (54) – iets wat de discipelen nog goed moeten begrijpen. Deze samenvattende paragraaf schetst hoe Jezus moeiteloos de noden van de mensen tegemoetkomt. Marcus voegt nog, iets wat doet denken aan 5:27-29, toe "Ze smeekten hem of ze ten minste de zoom van zijn kleed mochten aanraken. En iedereen die hem aanraakte, werd genezen" (56). Wat denken de discipelen als ze hiervan getuige zijn? Hoe dicht zijn ze bij het vinden van de waarheid over Jezus? We zullen moeten wachten tot Blok C om dat te weten te komen.

Twee aanvallen op de traditionele eerste eeuws Joden (7:1-23)

d – Het woord van God en de traditie van mensen (7:1-13)

Hoewel rituele onreinheid de reden is van de les die Jezus in deze verzen geeft, komt dit pas aan bod in vers 14-23. Hier, in vers 1-13, legt Jezus uit aan de Joodse leiders dat hun houding ten opzichte van dit probleem een symptoom is van een veel groter probleem. Dit is een cruciaal onderwerp en aspect van de training van de discipelen.

Volgens van de eerste-eeuws Joden waren er twee bronnen van goddelijke openbaring: het geschreven woord van God en de mondelinge traditie van de ene generatie op de andere. De tweede bron word “de traditie van de voorouders” (3,5) genoemd. Jezus beschuldigd de Joodse leiders ervan dat ze niet erkennen dat de mondelinge traditie van puur menselijke oorsprong is. Sterker nog: “De geboden van God geeft u op, maar aan tradities van mensen houdt u vast” (8). Met andere woorden, ze negeren Gods woord omdat ze de voorkeur geven aan door de mens bedachte ideeën. Om een punt te maken gebruikt Jezus sarcasme: “Mooi is dat, hoe u Gods geboden ongeldig maakt om uw eigen tradities overeind te houden!” (9) En dit, voegt hij toe, is niet eens iets nieuws: Jesaja heeft er al over geprofeteerd: “want ze onderwijzen hun eigen leer, voorschriften van mensen” (7).

Jezus geeft een voorbeeld van wat dit in praktijk betekent. De oudtestamentische wet maakte duidelijk dat mensen hun vader en moeder moeten eren (10), maar er was een traditie van voorouders die leerde dat het niet nodig was voor volwassen kinderen om financiële steun te geven aan ouders die het nodig hadden, als in ieder geval dit geld “Korban” was verklaard, wat betekent “aan God gewijd” (zie vers 10-12). Jezus vat de situatie zo samen: “En zo ontkracht u het woord van God door de tradities die u doorgeeft” (13). En helaas is dit niet het enige voorbeeld: “En u doet nog veel meer van dit soort dingen” (13b).

Jezus valt niet de traditie zelf aan, maar zodra deze traditie dezelfde autoriteit krijgt als het woord van God, dan vervangt het in feite Gods woord.

Deze verzen zijn een grootschalige aanval op de Joodse leiders uit Jeruzalem (1). Voordat Jezus de woorden van Jesaja citeert: “Dit volk eert mij met de lippen, maar hun hart is ver van mij” vertelt hij hen “Wat is de profetie van Jesaja toch toepasselijk op huichelaars als u!” (6).

Maar, Marcus vertelt ons niets over de reactie van deze leiders (hoewel we ons vast kunnen indenken hoe ze zich voelden!) . De aandacht in Deel Drie ligt op de training van de discipelen. Zij zijn daar aan het luisteren (2,17), en leren dat de tradities van mensen – hoewel positief – nooit moet worden toegestaan om Gods woord tegen te spreken.

d’ – Wat maakt de mens onrein? (7:14-23)

Nu wijst Jezus naar het specifieke punt wat mensen smerig en vuil maakt voor God. De Joodse traditie leerde in de eerste eeuw dat extern contact met zonde en zondaren de wortel was van deze vuilheid; Marcus heeft al eerder een voorbeeld gegeven van deze houding in zijn evangelie (zie 2:15-16).

Maar Jezus maakt duidelijk dat het de zonden in onze harten zijn die ons onrein maken, en niet de externe invloeden: “Niets dat van buitenaf in de mens komt kan hem 'onrein' maken, het zijn de dingen die uit de mens naar buiten komen die hem 'onrein' maken" (15).

In de verzen 17-23 is Jezus alleen met zijn discipelen. Hij leert hen dat wat uit het hart komt slecht is: "Wat uit de mens komt, dat maakt hem onrein. Want van binnenuit, uit het hart van de mensen, komen slechte gedachten, ontucht, diefstal, moord, overspel, hebzucht, kwaadaardigheid, bedrog, losbandigheid, afgunst, laster, hoogmoed, dwaasheid. Al deze slechte dingen komen van binnenuit, en die maken de mens onrein" (21-23). Als we dit niet geloven dan denken we dat we onszelf redden. Jezus zei tegen Levi bij zijn feest: "Ik ben niet gekomen om rechtvaardigen te roepen, maar zondaars" (2:17).

Drie ontmoetingen met Heidenen (7:24-8:10)

c' – Jezus en de Syro-Fenicische vrouw (7:24-30)

De eerste drie gebeurtenissen van Blok B (Gebeurtenis a, b en c) hadden te maken met de Joden. Nu, na Jezus' kritiek op de traditioneel eerste-eeuws Joden, lesgevend in gebeurtenis d en d', eindigt Marcus het blok met drie gebeurtenissen met heidenen (gebeurtenis c', b' en a').

De discipelen hebben natuurlijk al gezien hoe Jezus zijn liefde demonstreert aan een Heiden (zie 5:1-20); en nu, wederom, gaat Hij naar een Heidense regio (24). Maar, zijn reactie op deze Heidense vrouw lijkt niet bepaald liefdevol te zijn: "Eerst moeten de kinderen genoeg te eten krijgen; het is niet goed om de kinderen hun brood af te pakken en het aan de honden te voeren" (27). De reactie is niet zo hard als het lijkt. In de eerste eeuw hadden de Joden het over de Heidenhonden, maar Jezus gebruikt hier een ander woord, dat niet verwijst naar de wilde dieren op straat maar naar de huisdieren van een gezin. Hij maakt hoe dan ook duidelijk dat, in deze fase van Gods verlossing, Israël de prioriteit heeft. Het veelzeggende hiervan is dat de vrouw dit accepteert, maar nog steeds om hulp vraagt: "De vrouw antwoordde: 'Heer, de honden onder de tafel eten toch de kruimels op die de kinderen laten vallen'" (28). Jezus, op zijn beurt, reageert door de dochter te genezen, en zelfs zonder dat het meisje aanwezig is!

b' – Jezus geneest een doofstomme man (7:31-37)

Jezus keert terug naar het gebied waar hij Legioen uitgedreven had (31, zie ook 5:20). Van de vier Evangelie-schrijvers vertelt alleen Marcus dit verhaal. Jezus' acties van vers 33 en 34 helpen de doofstomme man te geloven dat hij een wonder kan meemaken, wat in vers 35 gebeurt.

"De mensen waren geweldig onder de indruk" vertelt Marcus ons (37), en ook de discipelen waren dat in de overeenkomende Gebeurtenis b, nadat

Jezus over het water liep (zie 6:51). "Zelfs doven laat hij horen en stommen laat hij spreken" zeggen ze (37b), wat bijna een citaat is uit Jesaja 35:5-6 over de komende Messias. Dit zijn Heidenen – ze kennen de Oud Testamentische geschriften niet; maar wat ze wel weten, is wie Jezus is.

a' – De spijziging van de 4000 (8:1-10)

Als dit wonder, net als de spijziging van de 5000 in 6:34-44, een voorafbeelding is van de messiaanse maaltijd, is het bijzonder belangrijk omdat de mensen hier heidenen zijn. Het grootste deel van de eerste-eeuws Joden heeft aangenomen dat deze maaltijd alleen voor de Israëlieten was, terwijl de profetie van Jesaja die eerder geciteerd was beloofd heeft: "voor alle volken een feestmaal" (Jes 25:6).

Weer betrekt Jezus de discipelen erbij en onderstreept hij het onmogelijke van de situatie. Nadat de discipelen het eten uitgedeeld hebben zegt Marcus: "De mensen aten tot ze verzadigd waren; de leerlingen haalden op wat er van het eten overschoot: zeven manden vol!" (8).

Als we verbaasd zijn dat zijn dat de discipelen het eerste wonder lijken te zijn vergeten (4), zullen we zien dat ook Jezus verbaasd is, maar dan om hoe langzaam ze de waarheid tot zich door laten dringen.

De structuur van Blok B laat zien dat Jezus zijn discipelen traint zodat ze hem leren dienen en weten wie hij is. In de felle ontmoetingen met het traditioneel eerste-eeuws Jodendom in het midden van het blok, hebben de discipelen drie dingen geleerd: religieuze mensen kunnen soms hypocriet zijn, het woord van God is hoger dan dat van welke menselijke traditie dan ook, en het hart van mensen is hopeloos corrupt. Maar ze weten nog niet wie Jezus is.

Blok C (8:11-30)

De Farizeeërs vragen om een teken (8:11-13)

We mogen nu wel denken dat Jezus genoeg bewijs heeft gegeven in zijn wonderen en zijn lessen over zijn autoriteit en identiteit, maar toch vragen de Farizeeërs hier om een bovennatuurlijk teken uit de hemel. Maar Jezus weigert hen te helpen, die vastbesloten zijn om geestelijk gesloten te zijn. "Hij liet hen staan" vertelt Marcus in vers 13. Dit wordt duidelijk fysiek bedoeld, maar er kan best een diepere betekenis in zitten.

De verwarring bij de leerlingen (8:14-21)

Jezus waarschuwt de discipelen om zich niet te laten beïnvloeden door de Farizeeërs en Herodus (14-15). Wat bedoelt hij? We hebben de grote vergissing van de Farizeeërs gezien in gebeurtenis d en d' in Blok B van dit deel: De tradities zijn belangrijker geworden dan het woord van God. Dit is een continu gevaar voor discipelen. Behulpzame tradities (zoals elke dag "stille tijd") kunnen belangrijker worden dan de Bijbel zelf. En een ander aspect van het zuurdesem van de Farizeeërs is de vraag om bewijs – in andere woorden – weigeren te geloven (zie 8:11-13).

En wat bedoelt Jezus met het zuurdesem van Herodus? In het verlengde van het verhaal van de onthoofding van Johannes de Doper in Blok A staat het antwoord. In 6:17-20 vertelt Marcus ons dat Herodus het fijn vond om naar Johannes te luisteren en hij beschermde hem, "omdat hij wist dat hij een rechtvaardig en heilig man was" (20). Maar dan maakt hij een overhaaste belofte naar Herodias' dochter, die dan, op aandringen van haar moeder, vraagt om Johannes' hoofd (25). Meteen lezen we: "Deze vraag bedroefde de koning zeer, maar hij wilde het haar niet weigeren, omdat hij in het bijzijn van zijn gasten een eed had gezworen" (26). Het zuurdesem van Herodus gaat om het negeren van Gods woord uit angst voor hoe anderen erop reageren als we het volgen.

Dus hier hebben we een sleutelpunt in de training van de discipelen: "Pas op, hoed je voor de zuurdesem van de Farizeeërs en voor de zuurdesem van Herodes" (8:15). Onze eigen tradities en onze angst voor anderen kan ons tegenhouden om trouwe volgelingen van Jezus te zijn.

Maar Jezus realiseert zich dat de discipelen erg verward zijn: zij denken dat hij het heeft over brood! En hij staat perplex: "Jullie hebben ogen, maar zien niet? Jullie hebben oren, maar horen niet?" (18), en hij gaat door en geeft hen een kleine geheugentest over de details van de wonderen. Maar nog steeds hebben ze het niet duidelijk en helder voor zich wie die man is die ze gedaan heeft: "Toen zei hij: 'Begrijpen jullie het dan nog niet?'" (21)

De genezing van de blinde man in twee fasen (8:22-26)

Zoals we zagen aan het begin van Deel Drie, is deze genezing het centrale deel van een Marcus-sandwich die in vers 14 begint en eindigt in vers 30. Dit is een vreemde gebeurtenis: andere Evangelieschrijvers hebben het niet opgeschreven, misschien omdat het makkelijk verkeerd begrepen wordt. We weten simpelweg niet waarom deze genezing in twee fasen gebeurt.

Maar vanuit de context weten we welke conclusie Marcus wil dat wij trekken. Spiritueel zicht komt zelden direct; zien wie Jezus is en wat het betekent voor ons, is een proces, waarin Jezus langzaam aan onze ogen opent voor de waarheid die we moeten zien. Marcus schrijft in vers 25 deze woorden: "Daarna legde hij weer zijn handen op de ogen van de blinde. Deze sperde zijn ogen open en genas; hij zag alles nu heel helder".

Dit is niet een proces dat klaar is als iemand een christen wordt. Discipelen moeten nooit de vergissing maken dat ze Jezus genoeg kennen; Het belangrijkste doel van zijn training is om onze ogen te openen zodat we hem beter zien.

De belijdenis van Petrus over Jezus (8:27-30)

Met het einde van de sandwich komen we bij de climax van Deel Drie. Nu zullen we zien hoeveel voortgang de discipelen hebben gemaakt in het trainingsprogramma waar Jezus hen doorheen geleid heeft.

Caesarea Filipi, bijna op de noordelijke grens van Israël, ligt in een regio waar weinig gebeurt; Alsof Jezus een bordje aan de deur heeft gehangen: "Niet storen a.u.b.". Nu, na de mening van de menigte gehoord te hebben, vraagt Jezus de kritieke vraag: "En wie ben ik volgens jullie?" (29)

Het woord jullie is meervoud: hij weet dat de discipelen dit onder elkaar hebben besproken. Dus antwoordt Petrus namens hen allemaal: "U bent de Messias" (29). Deze reactie is bijzonder: Jezus is de Redder die beloofd werd door God, lang geleden in het Oude Testament. Petrus en zijn vrienden hebben zitten kijken, luisteren, ze hebben zich verwonderend en ze hebben geleerd; geestelijk gezegd heeft Jezus zijn handen op hun ogen gelegd (zie ook 25) – en nu kunnen ze zien.

De training van Deel Drie is nu klaar – al hebben de discipelen nog veel te leren. Marcus heeft de eerste helft beëindigd en wil dat we ons voorstellen dat Jezus naar ons kijkt en vraagt: Wie zeg jij dat Ik ben?

Het is een van de belangrijkste vragen die ooit gesteld wordt, en het antwoord zal eeuwig ons leven veranderen.

Leer het Evangelie

Begin weer met Blok B. Marcus heeft het makkelijk gemaakt: het blok dat begint en eindigt met de spijziging van een grote menigte. In Gebeurtenis d en d' zien we dat Jezus de confrontatie aangaat met de eersteeeuws Joodse religie. Voor die gebeurtenis zijn er drie ontmoetingen met Joden en daarna drie met heidenen.

De sandwiches in Blokken A en C maken het makkelijk om ze te leren. Onthoud dat het thema van Deel Drie *training* is, dat maakt het een stuk duidelijker. Ik weet zeker dat Marcus zijn Evangelie geschreven heeft om te leren, en ik weet zeker dat je er plezier aan beleeft zodra je ermee begint.

De Training

A

Jezus zendt de twaalf uit (7-13)	4
De dood van Johannes de Doper (6:14-29)	
De twaalf komen terug bij Jezus (6:30-33)	

B

a De spijziging van de 5000	2
b Jezus loopt op het water	
c Jezus geneest in Gennesaret	

d Het woord van God en de traditie van mensen	1
d' Wat maakt de mens onrein?	

c' Jezus en de Syro-Fenicische vrouw	3
b' Jezus geneest een doofstomme man	
a' De spijziging van de 4000	

C

De Farizeeërs vragen om een teken	5
De verwarring van de discipelen	
De genezing in twee fasen van een blinde man	
De belijdenis van Petrus over Jezus	

A+C:	Herodus (6:14 / 8:15)
Logica B:	d, d': confrontatie met de Joodse leiders
	a, b, c: ontmoeting met Joden
	c', b', a': ontmoeting met Heidenen

Ontmoeting met de Heer

Je zou een eindje kunnen gaan lopen en praten met de Heer over wat Hij doet in Deel Drie om zijn discipelen te trainen en om hun ogen te openen. Ik denk dat je Hem dan gaat danken, en dat je hem gaat aanbidden als je je realiseert dat hij ook in jouw leven werkt.

Want als je weet dat Jezus de Messias is, komt dit doordat je de ogen geopend zijn. Maar er is nog veel meer te zien! Vraag hem om de zuurdesem van Herodus en de Farizeeërs te vermijden, en boven al, om je te helpen Hem beter te zien.

Dit Evangelie gaat niet alleen om Jezus en de discipelen in de eerste eeuw; het gaat om Jezus en jou in de 21ste eeuw.

Ik bid dat je Jezus weer ontmoet als je met hem praat.

Deel Vier: De Kosten (Marcus 8:31-10:52)

De Discipelen hebben ontdekt wie Jezus is (8:29), maar ze hebben nog veel te leren. In Deel Vier laat Marcus ons zien dat Jezus maar twee wonderen doet en veel meer tijd besteedt aan zijn discipelen. Hij geeft onderwijs over twee vragen. Wat kost het Jezus om mannen en vrouwen vergeving van zonden te geven? En wat kost het de discipelen om hem te volgen?

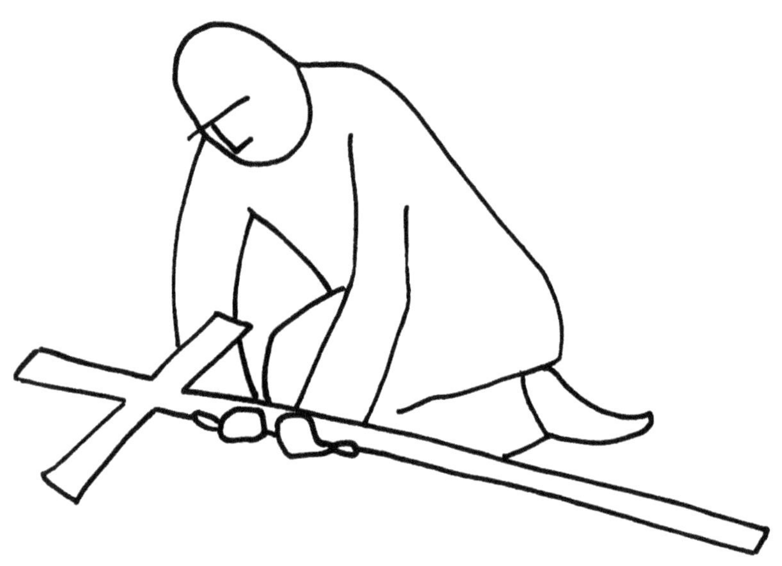

"Wie mijn volgeling wil zijn,
moet zichzelf verloochenen, zijn kruis op zich nemen en zo achter mij aan komen"
(Marcus 8:34b)

Genieten van het Uitzicht

Blok A (8:31-9:29)

Eerste lijdensaankondiging (8:31-33)
De roep tot navolging (8:34-9:1)
De verheerlijking (9:2-13)
Jezus drijft een onreine geest uit (9:14-29)

Blok B (9:30-10:31)

a	9:30-32	Tweede lijdensaankondiging
b	9:33-37	"Ik ben de grootste"
c	9:38-41	"Wij zijn de enigen"
d	9:42-50	"Zonde doet er niet toe"
d'	10:1-12	Houding tegenover het huwelijk
c'	10:13-16	Houding tegenover kinderen
b'	10:17-27	Houding tegenover rijkdom
a'	10:28-31	De beloning van discipelschap

Blok C (10:32-52)

Derde lijdensaankondiging (32-34)
De vraag van Jakobus en Johannes (35-45)
De genezing van de blinde Bartimeus (46-52)

Omdat dit deel drie gelijke voorspellingen bevat, door Jezus over zijn dood (10:45 is net iets anders), heeft Marcus besloten om een voorspelling te gebruiken aan het begin van elk blok. Weer heeft Blok B een duidelijk te onderscheiden structuur: Gebeurtenis b, c en d bevatten drie vergissingen die discipelen makkelijk kunnen maken, terwijl Gebeurtenis d', c' en b' drie gebieden bevatten waarin discipelen van Jezus radicaal anders moeten zijn. Weer heeft Marcus de structuur zorgvuldig uitgedacht.

Wat Blok A en Blok C koppelt (behalve de eerste en derde voorspelling) is het thema van Jezus volgen. In 8:34 vertelt Jezus de menigte "Wie mijn volgeling wil zijn, moet zichzelf verloochenen, zijn kruis op zich nemen en zo achter mij aan komen." En in het laatste vers van Deel Vier, aan het eind van Blok C, begint Bartimeus, die nu door Jezus kan zien, hem te volgen (10:52).

Hoewel er een nadruk ligt in Deel Vier op de kosten van discipelschap, er is nog een element dat aandacht vraagt. Wat motiveert Jezus om naar het kruis te gaan en wat kan de discipelen motiveren om hem te volgen, dat is de zekerheid van komende glorie (zie, bijvoorbeeld, 9:2-8, 41; 10:29-30, 37).

Met dit in gedachten, zou het goed zijn om heel Deel Vier door te lezen, om beeld te krijgen van de structuur. Voel je vrij om af en toe te stoppen met lezen, om te aanbidden en te bidden.

Uitpakken van de Inhoud

Blok A (8:31-9:29)

Eerste lijdensaankondiging (8:31-33)

Marcus heeft zijn woorden zorgvuldig gekozen in vers 31: "Hij begon hun te leren dat de Mensenzoon veel zou moeten lijden…" In de eerste drie delen van het Evangelie heeft Jezus niet openlijk gesproken over zijn dood, maar nu, omdat de discipelen eindelijk begrepen hebben dat hij de Messias is (8:29), kan Jezus gaan uitleggen wat voor Messias hij gaat worden. De glorieuze Zoon des Mensen (zie Daniel 7:13-14) *moet* lijden, niet omdat de Joodse leiders sterker zijn dan hij, maar omdat dit Gods plan van redding is voor de wereld.

Maar Petrus wil het niet horen: "Toen nam Petrus hem apart en begon hem fel terecht te wijzen" (32). Joodse verwachtingen van een politieke Messias die zijn mensen van de Romeinse bezetting verlost werden vanzelfsprekend in de eerste eeuw, en Petrus, begrijpelijk, deelt deze mening. Maar het lijkt bijzonder dat, net na Jezus als Gods beloofde Redder te herkennen, hij hem nu vertelt hoe hij Gods wil zou moeten gaan vervullen.

Jezus' terechtwijzing naar Petrus is schokkend: "Ga terug, achter mij, Satan! Je denkt niet aan wat God wil, maar alleen aan wat de mensen willen" (33). Dit is duidelijk een verleiding geweest voor Jezus: menselijk gesproken wil hij het kruis vermijden. Maar het is mogelijk dat het begin van vers 33 ons vertelt hoe Jezus de verleiding kon weerstaan: "Maar hij draaide zich om, keek zijn leerlingen aan en wees Petrus streng terecht." Alleen Marcus' Evangelie vertelt het detail dat Jezus hen allemaal aankeek voordat hij Petrus terechtwees. Het kan goed zijn dat Petrus dit nooit is vergeten en de herinnering heeft doorgegeven aan Marcus. Jezus herinnert zich, door te kijken naar zijn discipelen, dat zijn vrienden nooit vergeven kunnen worden als hij weigert te sterven. Zijn liefde voor hen is wat hem de kracht geeft om naar het kruis te gaan.

De roep tot navolging (8:34-9:1)

Nu verschuift de focus van de kosten van Jezus naar de kosten van de discipelen om hem te volgen. Jezus praat nu tegen een groep (34), en de boodschap is duidelijk: Discipelen die een lijdende Messias volgen moeten ook verwachten dat ze zelf gaan lijden. Het doet pijn om jezelf te verloochenen – weigeren een egocentrisch leven te leiden en voor mensen die hun kruis opnemen accepteren dat ze misschien een martelaarsdood zullen krijgen. Dit is wat het volgen van Jezus betekent.

In vers 35 en 36 vertelt Jezus ons waarom het logisch is om zo'n radicale stap te nemen. De beste uitleg hiervoor komt van Jim Elliot, die de martelaarsdood kreeg in 1956 toen hij het evangelie naar de Auca-Indianen van Zuid-Amerika bracht: "Hij, die opgeeft wat hij niet kan houden, is niet gek, omdat hij krijgt wat hij niet kan verliezen."

Nu kan Jezus zijn luisteraars waarschuwen voor de consequenties van het beschaamd staan voor Hem en Zijn woorden: die "zal merken dat de Mensenzoon zich ook voor hem schaamt, wanneer hij komt in het gezelschap van de heilige engelen en bekleed is met de stralende luister van zijn Vader" (38). Het is noemenswaardig dat Jezus zichzelf ziet als meer dan de Zoon des Mensen; door te praten over het komen in "de stralende luister van zijn vader" noemt hij zichzelf ook God (zie 1:11; 3:11).

De overduidelijke interpretatie van hoofdstuk 9:1 (zie commentaren voor een volledige bespreking) is dat Jezus praat over zijn verheerlijking, die een voorafbeelding van zijn glorieuze komst aan het eind de tijden. Marcus lijkt een verband te zien, omdat hij ons niet vertelt wat er gebeurde in de dagen tussen vers 1 en 2.

De verheelijking (9:2-13)

Jezus' duidelijkheid over de kosten van het koninkrijk, voor zichzelf (8:31-33) en voor zijn volgelingen (8:34-38), kan de discipelen een pauze hebben gegeven om na te denken over hun keuze. In elk geval zal de herinnering van deze openbaring van Jezus' goddelijke glorie aan Petrus, Jakobus en Johannes de moed hebben gegeven om door te gaan, hoewel de tegenstand groot kon zijn.

Mozes en Elia komen bij Jezus op de berg (4), hoewel alleen Jezus verheerlijkt wordt. Misschien vertegenwoordigen zij het hele oudtestamentische openbaring in de Wet en de Profeten, maar ze hebben ook iets anders gemeen. Bij Mozes is Gods verbond met Israël gesloten (zie Ex 24:8), maar Elia zag duidelijk dat Israël had gebroken met het verbond (zie 1 Koningen 19:10). Dus heeft God een nieuw verbond beloofd (zie bijvoorbeeld Jer 31:31-34, Joël 2:28-32, Ezechiël 36:24-27). En Jezus is degene die dit verbond werkelijkheid maakt, zoals Johannes de Doper had vermeld aan het begin van het Evangelie (zie 1:8) en zoals Jezus het ook duidelijk maakt aan het eind (zie 14:24). Dus is het logisch dat Mozes en Elia hier zijn.

Voor Petrus is het gevaarlijk dat hij geen verschil ziet tussen Mozes, Elia en Jezus, zoals zijn suggestie in vers 5 duidelijk maakt. Dus nu spreekt God, voor de tweede keer in het Evangelie, uit de hemel: "Dit is mijn Zoon, die ik liefheb. Luister naar hem!" (7) Bij Jezus' doop werden de woorden gericht aan Jezus (zie 1:11); hier, bij de verheerlijking, zijn ze gericht aan Petrus, Jakobus en Johannes. De toevoeging "Luister naar hem!" herinnert aan Mozes' woorden over de Profeet-Messias die eens zal komen (zie Deut 18:15). In Jezus zijn deze woorden vervuld.

Onderweg naar beneden van de berg af vragen de drie discipelen zich af wat Jezus bedoelde met de "opstanding uit de dood" (9-10), maar, waarschijnlijk omdat ze net Elia hebben gezien, vragen ze een andere vraag: "Waarom zeggen de Schriftgeleerden dat Elia eerst moet komen?" (11) Jezus reageert en zegt dat de theologen gelijk hebben (zie Mal 3:1, 4:5), maar dat Elia al gekomen was. De verwijzing wijst op Johannes de Doper, die niet een reïncarnatie van Elia was (zoiets zou de Bijbelse leer tegenspreken), maar een Elia-figuur (zie bijvoorbeeld Lucas 1:13-17), die de weg gereed maakte voor Jezus. Met vers 13 worden we eraan herinnerd dat de kosten van discipelschap al een thema was in Deel Drie (6:14-29).

Jezus drijft een onreine geest uit (9:14-29)

Dit is de laatste gebeurtenis in Blok A en Marcus kan zijn sandwich-techniek gebruikt hebben om het te vertellen. Vers 14-19 en vers 28 en 29 gaan over Jezus en het probleem van het onvermogen van de negen discipelen om de jongen te genezen, terwijl de verzen 20-27 ons de stappen laten zien die Jezus neemt om een wonder te doen. Het hoofdthema in alle drie delen is geloof. Het is onmisbaar voor allen die Jezus willen volgen.

In vers 14-19 komen Jezus, Petrus, Jakobus en Johannes terug van de bergtop-ervaring naar de lijdende wereld (hier vertegenwoordigd door een vader en zijn zoon, 17-18) en het onvermogen van de negen discipelen. De vader legt uit: "Ik zei tegen uw leerlingen dat ze hem moesten uitdrijven, maar dat konden ze niet" (18b).

Jezus legt dit mislukken uit door gebrek aan geloof "Wat zijn jullie toch een ongelovig volk, hoe lang moet ik nog bij jullie blijven?" (19a)

In vers 20-27 praat Jezus over de conditie van de zoon, en weer is geloof het probleem. In zijn smart roept de man uit: "Maar als u iets kunt doen, heb dan medelijden met ons en help ons" (22). Jezus reactie is snel: "Of ik iets kan doen? Alles is mogelijk voor wie gelooft" (23). De vader reageert wanhopig: "Ik geloof, kom mijn ongeloof te hulp!" (24). Zo geneest Jezus de jongen voordat er teveel toeschouwers bij komen (25-27).

Het thema van geloof is ook aanwezig in vers 28 en 29. Wanneer de discipelen Jezus vragen waarom ze de demon niet konden uitdrijven – ondanks het feit dat hij hen de autoriteit had gegeven om dat te doen (zie 3:15 en 6:7, 13) – reageert hij: "Dit soort kan alleen door gebed worden uitgedreven". (29).

Hier is duidelijk een verband tussen bidden en geloof, en ook tussen ongeloof en krachteloosheid in geestelijke zaken. De boodschap is duidelijk: de discipelen moeten leren te vertrouwen, niet op hun eigen kunnen of zelfs de autoriteit die Jezus ze gegeven heeft, maar op God. En dit geloof zal ongetwijfeld leiden tot gebed.

De training van de discipelen is niet klaar aan het eind van Deel Drie. Hier, aan het begin van Deel Vier, leren ze dat Jezus de Messias is, de Zoon des Mensen en de heilige Zoon van God, die moet sterven en weer opstaat; en dat hem volgen betekent dat je je eigen leven opgeeft en niet op jezelf vertrouwt, maar op hem.

Blok B (9:30-10:31)

a – Tweede lijdensaankondiging (9:30-32)

Marcus maakt heel goed duidelijk wat Jezus' hoofzakelijke belang is in Blok B: "Hij wilde niet dat iemand dat te weten kwam, want hij was bezig zijn leerlingen onderricht te geven" (30-31). Deze tweede lijdensaankondiging is minder specifiek dan de eerste (zie 8:31), maar is genoeg om de discipelen bang te maken: "Ze begrepen deze uitspraak niet, maar durfden hem geen vragen te stellen" (32).

Drie vergissingen die discipelen maken (9:33-50)

b – "Ik ben de grootste" (9:33-37)

De discipelen zijn verontwaardigd als Jezus vraagt waar ze over aan het discussiëren waren; Marcus vertelt ons: "Ze hadden onderweg met elkaar getwist over de vraag wie van hen de belangrijkste was" (34). Jezus gebruikt dit als een leermoment en legt uit dat dienstbaarheid het keurmerk is van grootheid (35). En Jezus gebruikt een klein kind als een krachtige visuele ondersteuning: mensen die denken dat ze belangrijk zijn, hebben geen tijd voor "onbelangrijke" kinderen, maar zijn discipelen moeten anders zijn (36-37).

c – "Wij zijn de enigen" (9:38-41)

Deze tweede vergissing komt van de discipel die later, in zijn brieven, de nadruk legde op het belang van liefde: "Johannes zei tegen hem:

'Meester, we hebben iemand gezien die in uw naam demonen uitdreef en we hebben geprobeerd hem dat te beletten omdat hij zich niet bij ons wilde aansluiten'" (38). "Belet het hem niet" zegt Jezus. "Wie niet tegen ons is, is voor ons." (39-40)

Jezus wil hier niet zeggen dat iedereen gelijk heeft, wat ze ook geloven: Marcus vertelt ons drie keer in vier verzen dat het cruciale punt is dat alles in Jezus' naam moet gebeuren (38, 39, 41), vertrouwend op zijn autoriteit en kracht en met het oog op zijn glorie. Maar de discipelen moeten leren dat ze niet trots of uitsluitend mogen zijn, maar dat ze open moeten zijn naar allen die Jezus volgen.

We moeten ook opmerken dat Jezus hier verwijst naar toekomstige beloningen voor trouwe discipelen (41). Het visioen van toekomstige glorie zal zijn volgelingen moed geven om in het heden voor hem te leven.

d – "Zonde doet er niet toe" (9:42-50)

Deze paragraaf gaat om de ernst van zonde. Soms zondigen anderen, zegt Jezus (42), en soms zondigen we zelf (43-49). Jezus maakt dat duidelijk door te zeggen "zonde doet er niet toe" spelen met vuur betekent (bijna letterlijk, 43b, 48). Zijn commentaar over het afhakken van hand of voet en het uitsteken van een oog zijn opzettelijk overdreven om te benadrukken wat voor radicale behandeling zonde nodig heeft. De hand kan verwijzen naar iets wat ik doe, de voet naar iets waar ik naar toe ga, en het oog naar iets waar ik naar kijk. Maar, wat de situatie ook is, de discipelen mogen zonde niet te licht nemen.

Zoals we hebben gezien, vertelt Marcus ons dat de discipelen onderweg aan het discussiëren waren (34). Nu, in vers 50, zegt Jezus tegen hen "Zorg dat jullie het zout in jezelf niet verliezen en bewaar onder elkaar de vrede." Dus deze drie vergissingen horen bij elkaar; en ze zijn algemeen onder christenen van vandaag. Als we ons vergelijken met anderen ("Ik ben de grootste"), proberen anderen af te houden van Jezus, terwijl ze hem net zo goed volgen als wij doen ("Wij zijn de enigen"), of de ernst van zonde negeren ("Zonde doet er niet toe"), dan zullen we geen effectieve discipelen van Jezus zijn.

Drie gebieden waarin discipelen anders moeten zijn (10:1-27)

d' – Houding tegenover het huwelijk (10:1-12)

In deze paragraaf komen de Farizeeërs met een vraag over echtscheiding (2). Dit is een strikvraag, maar Jezus gebruikt het weer als leermoment. De grootste nadruk ligt echter niet op scheiden, maar op het huwelijk: in vers 5-9 citeert Jezus uit de eerste twee hoofdstukken van Genesis wat de hoofdreden is voor God om het huwelijk in te stellen. En hij besluit: “Wat God heeft verbonden, mag een mens niet scheiden” (9).

Hoewel Jezus accepteert dat scheiden soms toegestaan is, maakt hij duidelijk dat het altijd tegen Gods oorspronkelijke bedoeling is (5-6). En de discipelen luisteren (10-12): Ze moeten leren dat volgelingen van Jezus niet gedachteloos moeten trouwen; voor Christelijke discipelen is het huwelijk voor de rest van het leven.

c’ – Houding tegenover kinderen (10:13-16)

Door middel van Blok B’s spiegelstructuur, heeft Marcus Gebeurtenis c en c’ gekoppeld: in beide gevallen proberen de discipelen anderen te weerhouden van het dienen of naderen tot Jezus. Hier worden de ouders terechtgewezen (13) voor het meenemen van kinderen; Waarschijnlijk denken de discipelen dat hun eigen gesprek met Jezus belangrijker is.

In de eerste eeuw werden kinderen als onbelangrijk gezien, en daarom is Jezus’ verontwaardiging waarschijnlijk een verassing geweest voor de discipelen: “Laat de kinderen bij me komen, houd ze niet tegen, want het koninkrijk van God behoort toe aan wie is zoals zij” (14).

Hier zijn twee belangrijke lessen: Iedereen die het koninkrijk van God wil binnenkomen, moet het ontvangen zoals een kind een cadeau ontvangt (15); en discipelen moeten nooit denken dat kinderen onbelangrijk zijn.

b’ – Houding tegenover rijkdom (10:17-27)

Marcus introduceert nu een man die vastberaden is om het eeuwige leven te ontvangen: hij rent naar Jezus toe en knielt voor hem neer (17). Ondanks dit vertoon van nederigheid, is hij zeker van zijn status, gebaseerd op zijn goedheid (18-20) en zijn eigendommen (21-22). Dit thema van status herinnert ons aan de discipelen in Gebeurtenis b (9:33-37), onderling discussiërend wie de grootste is.

Maar Jezus is met deze man bewogen: “Jezus keek hem liefdevol aan” (21). Dus hierom vertelt hij hem wat hij moet horen: “Ga naar huis, verkoop alles wat u hebt en geef het geld aan de armen, dan zult u een schat in de hemel bezitten; kom dan terug en volg mij” (21).

Dit is niet de voorwaarde voor alle potentiele discipelen. Maar iedereen die in Gods koninkrijk wil komen moet alles opgeven dat belangrijker voor hem is dan Jezus en het evangelie (zie ook 29). Dit is een grote uitdaging voor ons, die opgegroeid zijn in een cultuur die zo materialistisch is, dat we niet doorhebben hoeveel aandacht we geven aan onze eigendommen.

De kosten van discipelschap zijn soms hoog: “Maar de man werd somber toen hij dit hoorde en ging terneergeslagen weg; hij had namelijk veel bezittingen” (22). En Jezus kijkt hoe hij vertrekt: hij accepteert geen tweede plek in de levens van hen die hem willen volgen.

Dit is allemaal een angstaanjagende schok voor de discipelen. En zoals we al hebben gezien, is status belangrijk voor hen (zie Gebeurtenis b), en, als eerste-eeuws joden, zullen ze altijd geloofd hebben dat rijke mensen dichter bij God staan dan armen: “Nu waren ze nog meer ontzet, en ze zeiden tegen elkaar: ‘Wie kan er dan nog gered worden?’” (26) Jezus reactie is ontworpen om de menselijke tekortkoming te onderstrepen wat betreft binnengaan in het koninkrijk, en Gods kunnen: “Bij mensen is dat onmogelijk, maar niet bij God, want bij God is alles mogelijk” (27). Het is belangrijk dat Jezus weer naar zijn discipelen kijkt (zie ook 8:33) voordat hij de menselijke zwakheid benadrukt.

Het moet duidelijk zijn dat discipelschap elk aspect van het leven inhoud, en niet alleen de activiteiten die ons laten denken dat we ‘religieus’ zijn. Maar hier, in Gebeurtenis d’, c’ en b’ onderstreept Marcus drie gebieden waarin volgelingen van Jezus radicaal anders moeten zijn vergeleken met de rest van de wereld om ons heen: in de houding ten opzichte van het huwelijk, kinderen en rijkdom. Maar, Marcus noteert aan het eind van Blok B dat Jezus duidelijk maakt dat discipelen altijd meer krijgen dan ze verliezen.

a’ – De beloning van discipelschap (10:28-31)

Deze verzen zijn niet alleen van toepassing op grensoverschrijdende zendelingen! Elke discipel is opgeroepen om de prioriteiten van het koninkrijk van Jezus en zijn evangelie te omarmen (29). Het is fascinerend om te zien wat voor verschillen er zijn in de twee lijsten van vers 29 en 30. De tweede lijst belooft de discipelen vervolging in dit leven en eeuwig leven in het volgende, een afspiegeling van Jezus’ dood en opstanding in Gebeurtenis a (zie 9:31). Een ander verschil is dat de discipelen “het honderdvoudige ontvangen” van wat hij opgeeft (30).

Maar er is een ander verschil, dat vaak over het hoofd wordt gezien. Het woord ‘vaders’ mist in de tweede lijst van vers 30. De boodschap is duidelijk: al zal de discipel broers, zussen en moeders in de familie van God terugkrijgen, hij heeft geen vader nodig – want door Jezus heeft hij de liefde van de hemelse Vader ontdekt.

Dus Blok B gaat niet alleen over de kosten van discipelschap. Jezus benadrukt ook de beloning, zowel in dit leven als het volgende. Dit vooruitzicht is wat ons kan motiveren om Jezus te volgen.

Marcus eindigt Blok B met Jezus opsomming van de effecten van Gods koninkrijk: “Vele eersten zullen de laatsten zijn en vele laatsten de eersten” (31). Als mannen en vrouwen zich afkeren van hun zonden (zie Gebeurtenis b, c en d) en een nieuwe leefstijl omarmen (zie Gebeurtenis d’, c’ en b’), dan komt er een goddelijke verandering in menselijke verwachtingen, zodat de kosten van discipelschap als een kleine prijs gezien worden ten opzichte van een leven in het koninkrijk.

Blok C (10:32-52)

Derde lijdensaankondiging (10:32-34)

Jezus gaat voor naar Jeruzalem (32), waarschijnlijk omdat geen van de anderen daarheen wilde gaan: de discipelen waren weer verwonderd en de anderen waren bang. De lijdensaankondiging die volgt is de meest gedetailleerde van de drie, inclusief de beschrijving van Jezus’ lijden voor zijn dood in de handen van de heidenen (33-34). Dit keer vertelt Marcus niets van de reactie van de discipelen; het dreigende probleem leidt alleen maar naar hernieuwde aandacht voor de toekomst (35-45)

De vraag van Jakobus en Johannes (10:35-45)

De discipelen hebben blijkbaar niet de les geleerd van 9:33-37. Jakobus en Johannes willen de beste plekken in het koninkrijk van God (37); en wanneer ze ervan horen, zijn de andere discipelen boos, niet om het gebrek aan nederigheid maar waarschijnlijk omdat Jakobus en Johannes de eersten waren (41). In ieder geval hebben twee van hen geleerd dat er een glorieus koninkrijk komt en dat de eer Jezus toekomt: “Laat een van ons dan rechts van u zitten en de ander links” (37). Maar er is nog steeds veel dat ze niet hebben begrepen van het discipelschap.

Het volgen van Jezus betekent drie dingen. Allereerst het lijden – de beker (zie ook 14:36) en de doop zijn beelden van het lijden waar Jakobus en Johannes niet in gaan willen delen, ondanks hun zelfvertrouwen (38-39). Ten tweede, betekent het volgen van Jezus onderwerping. Het is de Vader die beslist welke beloning en positie iemand krijgt in Gods koninkrijk (40). En ten derde betekent discipelschap dienstbaarheid, niet heerschappij over anderen (42, zie ook 1 Petrus 5:3): “Wie van jullie de belangrijkste wil zijn, zal de anderen moeten dienen, en wie van jullie de eerste wil zijn, zal ieders dienaar moeten zijn” (43-44).

De reden hiervoor is Jezus’ eigen voorbeeld: “Want ook de Mensenzoon is niet gekomen om gediend te worden, maar om te dienen en zijn leven te geven als losgeld voor velen” (45). Voor het eerst in het Evangelie legt

Jezus uit wat de reden is van zijn dood. Vers 45 is een belangrijke *verklaring* voor iedereen die het christelijk geloof wil begrijpen. Jezus' dood zal, ondanks de samenzweringen van de Joden en de heidenen (zie 10:33), vrijwillig zijn ("zijn leven te *geven*") en zal een zondeoffer zijn (het woord losprijs roept de lijdende Dienaar van Jesaja 53:10 naar boven) voor velen (zie Jes 53:12). Misschien is het meest belangrijke van alles het feit dat zijn dood het centrale doel was van zijn komst in deze wereld (45).

Marcus vertelt ons niet hoe de discipelen reageren op deze boodschap – misschien wil hij ons als lezers zelf laten reageren.

De genezing van de blinde Bartimeus (10:46-52)

Hoewel hij blind is, ziet Bartimeus iets dat de menigte niet kan zien: Jezus van Nazareth is de zoon van David, de Messias (47-48). Dus hij roept om hulp, en wanneer de menigte hem zegt stil te zijn, zegt Marcus "hij schreeuwde des te harder" (48). Jezus vraag "Wat wilt u dat ik voor u doe?" (51) lijkt ontworpen te zijn om te zien of Bartimeus inderdaad geloof heeft of niet. Zoals met de genezing van de bezeten jongen in Blok A, is geloof essentieel, (zie 9:23-24) wil men de veranderende kracht van Jezus in actie zien.

Na de genezing volgt Bartimeus Jezus op zijn weg (52). Uiteraard bedoeld Marcus een letterlijk fysiek volgen hier aan het eind van Blok C; maar hij maakt duidelijk een verbinding met Jezus woorden aan het begin van Blok A: "Wie mijn volgeling wil zijn, moet zichzelf verloochenen, zijn kruis op zich nemen en zo achter mij aan komen" (8:34).

Voor het einde van Deel Vier hebben we een beter beeld bij wat de kosten zijn voor discipelschap dan dat we hadden aan het begin. Zij die Jezus willen volgen moeten hun egocentrisch leven opgeven ("Ik ben de grootste", "Wij zijn de enigen", "Zonde doet er niet toe") en leven met een nieuwe houding naar huwelijk, kinderen en eigendommen (9:33-10:27). Maar Marcus wil ons laten zien dat we ons niet moeten vergissen: Het is het waard (10:28-31), en hij geeft ons Bartimeus' beslissing om een discipel van Jezus te worden als voorbeeld.

Er is een les voor ons allen hier. We hebben visie nodig. De christelijke hoop van toekomstige glorie is wat discipelen de motivatie geeft die ze nodig hebben om Jezus nu te volgen. Petrus, Jakobus en Johannes kregen die visie al toen ze Jezus verheerlijkt zagen als de glorieuze Zoon van God, en ze zullen het nooit vergeten (zie 2 Pet 1:16-18; 1 Pet 4:12-14; 5:1,10). Dus de ervaring van Bartimeus is een bemoediging voor ons om te bidden "Heer, ik wil u zien".

Leer het Evangelie

Ik hoop dat je de tijd neemt om Deel Vier te leren – het is makkelijk te leren en het helpt je om Jezus opnieuw te ontdekken en wat het betekent om hem te volgen. Begin in Blok B, met de duidelijke structuur van de tweede lijdensaankondiging, drie vergissingen van discipelen, drie gebieden waarin discipelen anders zijn, en de beloning van discipelschap. Leer de koppen; je kunt later enkele van de details invullen.

Als je Blok B te pakken hebt, zijn Blok A en C geen probleem meer voor je. En, als je de tijd neemt om Deel Vier te leren, ben ik er zeker van dat je doet wat de eerste christenen deden.

De Kosten

A	Eerste lijdensaankondiging De roep tot navolging De verheerlijking Jezus drijft een onreine geest uit	4
B	a Tweede lijdensaankondiging	1
	b "Ik ben de grootste" c "Wij zijn de enigen" d "Zonde doet er niet toe"	2
	d' Houding tegenover het huwelijk c' Houding tegenover kinderen b' Houding tegenover rijkdom	3
	a' De beloning van discipelschap	1
C	Derde lijdensaankondiging De vraag van Jakobus en Johannes De genezing van de blinde Bartimeus	5

A+C:	Het volgen van Jezus (8:34 / 10:52)
Logica B:	a, a': zelfde patroon b, c, d: drie vergissingen die discipelen maken d', c', b': drie gebieden waarin discipelen anders moeten zijn

Ontmoeting met de Heer

Als je in gedachten door dit deel gaat, zal er veel zijn om over te praten met de Heer. Aanbid Jezus zoals je hem levens ziet veranderen in antwoord op geloof; bid voor je eigen discipelschap terwijl je Jezus toestaat je te onderwijzen in Blok B; en dank hem voor wat het hem kost om jou vergeving en verzoening met God te geven. En, boven alles, vraag hem om je ogen te open voor zijn glorie.

Terwijl je dit doet – lopend door de straat of op je knieën in je kamer – bid ik dat je merkt dat Jezus je leven aanraakt en je de volgende stap in discipelschap laat zien, en je meer laat zien van zijn genade, zijn autoriteit en zijn liefde in een nieuwe manier. Je zult Jezus opnieuw ontdekken.

Wanneer we bidden wat Bartimeus bad, zullen we ervaren wat Bartimeus ervoer.

Deel Vijf: Het Oordeel (Marcus 11:1-13:37)

Marcus heeft al duidelijk gemaakt in Deel Vier dat Jezus precies weet wat hem te wachten staat in Jeruzalem (zie bijvoorbeeld 10:32-34). Als hij arriveert wordt duidelijk dat de religieuze leiders nog steeds fel tegen hem zijn. Hun afwijzing van Jezus leidt naar zijn afwijzing van hen als de leiders van Gods volk. Dit oordeel is een belangrijk thema door geheel Deel Vijf.

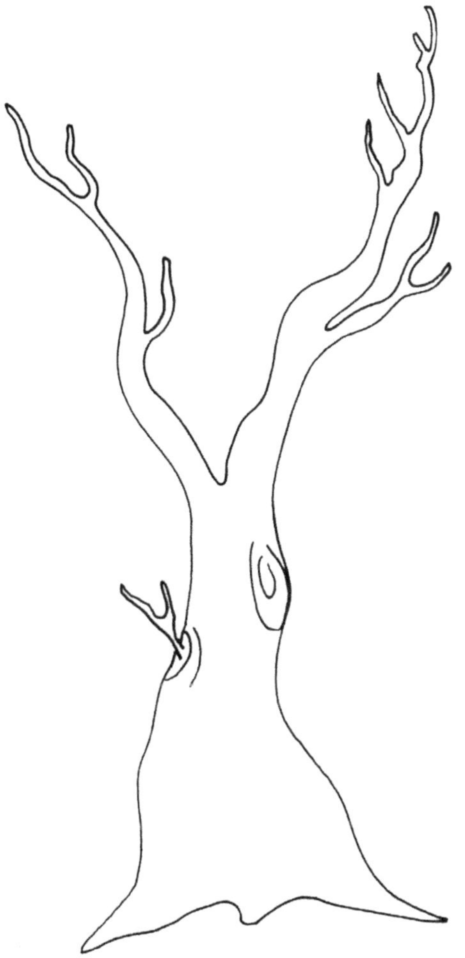

"Toen ze 's morgens vroeg weer langs de vijgenboom kwamen, zagen ze dat hij tot aan de wortels verdord was."
(Marcus 11:20)

Geniet van het Uitzicht

Blok A (11:1-25)

Jezus komt Jeruzalem binnen (1-11)
Jezus vervloekt de vijgenboom (12-14)
Jezus reinigt de tempel (15-19)
Jezus geeft onderwijs over het gebed aan de hand van de vijgenboom (20-25)

Blok B (11:27-12:44)

a	11:27-33	Het gezag van Jezus ter discussie gesteld
b	12:1-12	De gelijkenis van de wijnbouwers
c	12:13-17	Belasting betalen aan de keizer
d	12:18-27	Het huwelijk na de opstanding
d’	12:28-34	Het grootste gebod
c’	12:35-37	Een vraag over de Messias
b’	12:38-40	Een waarschuwing tegen de Schriftgeleerden
a’	12:41-44	Het offer van de weduwe

Blok C (13:1-37)

De verwoesting van de tempel en het eind van de tijd (1-37)

Marcus maakt het begin en einde van Blok B duidelijk voor ons. In 11:27 komt Jezus voor het laatst in de tempel, en in 13:1 verlaat hij de tempel voor de laatste keer; en wederom zijn er acht delen in dit centrale stuk, aan elkaar gekoppeld door een spiegelstructuur (zie *Uitpakken van de Inhoud*).

De logica van Blok B is als volgt: de eerste vier gebeurtenissen hebben te maken met luisteraars met een negatieve houding naar Jezus, terwijl de luisteraars van Gebeurtenis d’, c’, b’ en a’ positief zijn in hun houding.

De tempel speelt een belangrijke rol in Deel Vijf. In Blok A komt Jezus naar de tempel, in Blok B leert hij in de tempel en in Blok C leert hij over de tempel. Maar Blok A en C hebben iets gemeen, specifieker dan de tempel, namelijk de vijgenboom. In Blok A vervloekt Jezus een vijgenboom (11:14, 20-21) en in Blok C vertelt hij een kleine gelijkenis over een vijgenboom (13:28). Marcus heeft aardig wat moeiten doorstaan om de structuur van dit deel zo helder en onthoudbaar mogelijk te maken.

Er is één zeer belangrijke Marcus-sandwich hier. In Blok A is de aanval van Jezus op het misbruik van de tempel, terwijl hij de geldwisselaars en hun collega’s verdrijft, gesandwicht tussen het vervloeken van de vijgenboom en de ontdekking van de discipelen dat de vijgenboom nu verdord is (11:12-21).

Lees voordat we deze tekst iets meer in detail gaan bekijken, het hele stuk van Deel Vijf voor jezelf. Denk je de situatie in, met de plotwendingen, de emoties en de spanningen, en vraag de Heer om het te laten leven in je gedachten.

Uitpakken van de Inhoud

Blok A (11:1-25)

Jezus komt Jeruzalem binnen (11:1-11)

Marcus vertelt ons hoe Jezus een ezelsveulen regelt waarop hij Jeruzalem binnen wil rijden (1-7), maar hij vertelt niet waarom dit belangrijk is. Als het enthousiasme van de menigte op Jezus binnenkomst kwam doordat ze doorhebben dat Jezus de messiaanse vervulling van Zacharia 9:9 is, dan is het vreemd dat Marcus dit niet citeert in het vers. Maar hoe dan ook, ze verwelkomen hem als koning: "Velen spreidden hun mantels uit op de weg, anderen spreidden takken met bladeren uit, die ze in het veld afhakten" (8).

Maar het doel is niet Jeruzalem maar specifiek de tempel (11). Dit is de eerste van drie keer dat Jezus in Israëls' aanbiddingsplaats komt (zie ook 15, 27). In dit geval observeert Jezus alleen maar wat er gebeurt: "Nadat hij alles in ogenschouw had genomen, ging hij – want het was al laat geworden – met de twaalf terug naar Bethanië" (11). Marcus bereidt ons voor op wat er straks gaat gebeuren.

Jezus vervloekt de vijgenboom (11:12-14)

De Marcus-sandwich die hier begint, koppelt de vijgenboom aan de tempel (12-21), dus een oplettende lezer zal geconcludeerd hebben dat de vijgenboom een beeld is voor Israël, een afbeelding die het Oude Testament bevestigt (zie bijvoorbeeld Jer 8:13). Dus het vervloeken van de vijgenboom is een visuele boodschap van het oordeel.

Het is niet erg toepasselijk om te zeggen dat Jezus vervloeking over de vijgenboom ongegrond was. Hoewel Marcus vertelt: "het was namelijk nog niet de tijd voor vijgen" (13), had Jezus alle reden om vroege, eetbare knoppen te verwachten, omdat de boom al in blad stond. Dus kwam hij om vruchten te vinden, maar hij vond niks. Dit is de betekenis van het volgende deel van de sandwich.

Jezus reinigt de tempel (11:15-19)

Zoals ook in vers 11, komt Jezus ook nu in de tempel om vrucht te vinden, de kwaliteiten die hij verwacht van Gods volk. Maar hij vindt niks.

Hij loopt binnen alsof het zijn eigen huis is, gooit het meubilair overhoop en jaagt de kopende en verkopende mensen weg. En hij legt zijn gedrag uit door hem te verwijten dat ze van dit "huis van gebed" een "rovershol" hebben gemaakt (17).

De boodschap is duidelijk. Jezus komt in het centrum van Joodse religie, je zou dus tekenen verwachten van dat God bekend is en daar ook aanbeden wordt; hij is nog hongeriger naar geestelijke vruchten dan hij was naar de vroege vijgen in vers 12. Maar er is niets van te zien – alleen mensen die de tempel gebruiken als middel om rijk te worden. De Joodse religie die Jezus, ziet heeft wel bladeren, maar geen vruchten. Geen wonder dat hij moet handelen in oordeel.

"De hogepriesters en de Schriftgeleerden hoorden wat er gebeurd was" zegt Marcus "en zochten naar een mogelijkheid om hem uit de weg te ruimen" (18). Dit is dezelfde beslissing die de Farizeeërs en Herodianen al hadden gemaakt in hoofdstuk 3:6. Maar de reden is niet zozeer boosheid om wat Jezus gedaan heeft in hun tempel, maar uit angst wat zijn populariteit onder de mensen zou doen (18).

Dus maakt Marcus duidelijk dat de Joodse leiders hun beslissing hebben gemaakt over Jezus, en dat hij zijn beslissing heeft gemaakt over hen. Oordeel is een belangrijk thema in Blok A.

Jezus geeft onderwijs over het gebed aan de hand van de vijgenboom (11:20-25)

Marcus maakt zijn sandwich af door te vertellen dat, de volgende dag, de discipelen de vijgenboom zagen "tot aan de wortels verdord was" (20). Petrus vind het zelfs nodig om Jezus aandacht erop te vestigen! (21)

Jezus grijpt de kans om zijn discipelen iets te leren over gebed, de vrucht die hij gemist had in de tempel (17). De eerste voorwaarde voor beantwoord gebed is geloof (22-24); de tweede is dat de relatie tussen discipelen en anderen is zoals het zou moeten (25). Hoewel Jezus hier verwijst naar de Vader die vergeeft, is het goed te beseffen dat Jezus conflict met de Joodse leiders begon in Deel Een van het Evangelie met zijn claim om zonden te kunnen vergeven (zie 2:5, 10).

In Blok A zijn de lijnen duidelijk getrokken. Jezus komt met oordeel, en de Joodse leiders zijn vastberaden om van hem af te komen. In Blok B komt het tot een direct confrontatie.

Blok B (11:27-12:44)

Vier gebeurtenissen met negatieve luisteraars (11:27-12:27)

a – Het gezag van Jezus ter discussie gesteld (11:27-33)

Dit is de eerste van acht gebeurtenissen in de tempel die Jezus leiden naar zijn woorden van oordeel in Blok C. De Joodse leiders waren in de aanval: ze "vroegen hem: 'Op grond van welke bevoegdheid doet u die dingen? Wie heeft u het recht gegeven om zo te handelen?'" (28) Deze twee vragen verwijzen mogelijk naar Jezus bijzondere gedrag in de tempel (15-17), of misschien is dit naar aanleiding van zijn eerdere genezingen en uitdrijvingen. Maar de zaak is niet wat Jezus gedaan heeft, maar op wiens gezag hij het deed.

Interessant genoeg ontwijkt Jezus deze vraag, óf omdat hij weet dat het geen eerlijk onderzoek naar de waarheid betreft, óf omdat hij weet dat een direct antwoord een oproer zou betekenen – of erger. Zijn eigen vraag, over de oorsprong van Johannes doop, zet zijn tegenstanders op de plaats: "'Als we zeggen: 'Van de hemel', zal hij zeggen: 'Waarom hebt u hem dan niet geloofd?' Maar als we zeggen: 'Van mensen,' wat dan?" (31-32). Marcus beschrijft hun probleem aan het eind van vers 32: "Ze waren namelijk bang voor de menigte, want iedereen hield Johannes voor een echte profeet."

Dus de zaak over het gezag is niet opgelost. Maar de eerste schoten zijn gelost. En het word duidelijk dat de Joodse leiders, in hun arrogantie, een reden zoeken om zich van Jezus te ontdoen.

b – De gelijkenis van de wijnbouwers (12:1-12)

Marcus begint deze paragraaf door te vertellen dat Jezus "begon tegen hen te spreken in gelijkenissen" (1). Maar, hij noteert er maar een, die dus de belangrijkste moet zijn. Het is niet moeilijk om te zien waarom.

Zoals de vijgenboom in Blok A, is de wijngaard een oudtestamentisch beeld van Israël. Dit detail in vers 1 roept bewust in herinnering Jesaja 5:2: "Een man legde een wijngaard aan en omheinde die. hij groef een kuil voor de wijnpers en bouwde een uitkijktoren." Jezus' luisteraars zullen de verwijzing zeker zien en begrijpen ook dat de pachters de geestelijke leiders van Israël zijn, die, door de eeuwen heen, Gods profeten (2-7) hebben afgewezen en niet God de vruchten hebben gegeven die ze hem verschuldigd zijn.

Nu bereikt Jezus de climax van zijn verhaal: "Tenslotte was alleen nog zijn geliefde zoon over; die stuurde hij als laatste naar hen toe, met de gedachte: 'Voor mijn zoon zullen ze wel ontzag hebben'" (6). De beschrijving van de zoon roept de woorden van de Vader in herinnering bij de doop (1:11) van Jezus en zijn verheerlijking (9:7): "Dit is mijn geliefde Zoon". Hoe moet Jezus zich gevoeld hebben terwijl hij zegt van de pachters: "Ze grepen hem vast en doodden hem en gooiden zijn lichaam buiten de wijngaard" (8)!

De reactie van de eigenaar is het doden van de pachters, en de wijngaard aan anderen geven, wat gevolgd word door een citaat uit Psalm 118 (waaruit de menigte al een citaat had gehoord in 11:9): "De steen die de bouwers afkeurden is de hoeksteen geworden" (10). Weer is de boodschap duidelijk: Jezus, de Zoon van de Vader, is de steen die de leiders van Israël afkeuren en zullen doden, maar God maakt hem een leider van het nieuwe volk van God.

Weer zijn Jezus tegenstanders op het verkeerde been gezet (12). En hij daagt ze uit, meer dan ooit.

c – Belasting betalen aan de keizer (12:13-17)

Dit keer is het de beurt aan de Farizeeërs en de Herodianen om te proberen Jezus in de val te laten lopen, twee groepen – een religieus, een seculier – verenigen aan het eind, zoals ze aan het begin deden (zie 3:6), in een poging om hun gezamenlijke tegenstander onderuit te halen. Na een stevig potje vleierij, vragen ze hun vraag: "Is het toegestaan belasting te betalen aan de keizer of niet?" (14)

Jezus antwoord "Geef wat van de keizer is aan de keizer, en geef aan God wat God toebehoort" leid tot algemene verbazing. Uiteraard geeft dit geen antwoord op alle vragen over kerk en staat. Maar Marcus onderstreept voor ons het feit dat deze vraag geen eerlijke vraag is: "Maar omdat hij hun huichelarij doorzag, antwoordde hij: 'waarom stelt u me op de proef'" (15, zie ook 13). De strikvraag was simpelweg om een kans te krijgen om van Jezus af te komen.

d – Het huwelijk na de opstanding (12:18-27)

De Sadduceeën worden beschreven als vrije theologen van hun dagen; ze wezen het idee van een leven na de dood af (18). Hun grappige verhaal, geschreven om te laten zien hoe onnozel de leer van de opstanding is in praktijk (19-23), komt hen op een felle terechtwijzing te staan door Jezus: "Dwaalt u niet? U kent blijkbaar de schriften niet en evenmin de macht van God" (24).

Omdat de Sadduceeën alleen gezag accepteren van de eerste vijf boeken van Mozes, bewijst Jezus de werkelijkheid van leven na de dood uit het boek Exodus (26-27; Ex 3:6).

Weer, het probleem zoals het door Jezus tegenstanders word weergegeven is niet echt het probleem. Marcus eerste zorg is niet iets te leren over de opstanding, maar om te laten zien dat een invloedrijke groep eerste-eeuws Joden beschuldigd kon worden door Jezus van het niet kennen van de Geschriften.

Vier gebeurtenissen met positieve luisteraars (12:28-44)

d' – Het grootste gebod (12:28-34)

Deze paragraaf introduceert on een Joodse leider die anders is. Hij is onder de indruk van Jezus' debatteer kunsten, dus stelt hij een vraag: "Wat is van alle geboden het belangrijkste gebod?" (28) In reactie citeert Jezus Deuteronomium 6:4-5 over God liefhebben, en Leviticus 19:18, over het liefhebben van je naaste (29-31).

De wetsgeleerde is het er helemaal mee eens, en zijn reactie is het waard om volledig geciteerd te worden. "Inderdaad meester, wat u zegt is waar: hij alleen is God en er is geen andere god dan hij, en hem liefhebben met heel ons hat en met heel ons inzicht en met heel onze kracht, en onze naaste liefhebben als onszelf betekent veel meer dan alle brandoffers en andere offers" (32-33).

Jezus, in reactie, is onder de indruk van zijn antwoord: "U bent niet ver van het koninkrijk van God" (34). Waarom is dit het geval? In ieder geval omdat deze wetsgeleerde weet wat het verschil is tussen blad en vrucht, tussen religieuze activiteiten (hoe belangrijk ze ook kunnen zijn) en een goede relatie tussen God en anderen.

Met deze spiegel-structuur laat Marcus het contrast zien tussen de wetsgeleerde in Gebeurtenis d' en de Sadduceeën in Gebeurtenis d. Zij kennen de schriften niet (24), maar de wetsgeleerde zeker wel: zijn antwoord in vers 32 en 33 verraden een kennis van niet alleen de teksten die Jezus noemt, maar ook de teksten als 1 Samuel 15:22, Hosea 6:6 en Micha 6:6-8. Hij kent de Joodse geschriften – en gelooft ze ook. Geen wonder dat Marcus schrijft: "En niemand durfde hem nog een vraag te stellen" (34).

c' – Een vraag over de Messias (12:35-37)

De spiegelstructuur van Blok B koppelt deze gebeurtenis met Gebeurtenis c (zie 12:13-17). Daar word Jezus een vraag gesteld die niet te antwoorden lijkt (hoewel Jezus het wel antwoord!); hier is het Jezus die een onbeantwoordbare vraag stelt. Als de wetsgeleerden de Messias de zoon van David noemen, hoe kan het dan dat David naar de Messias verwijst in Psalm 110:1 al zijn Heer?

Het antwoord is, uiteraard, dat de Messias in een persoon de menselijke afstammeling van David en de goddelijke Zoon van God is. Maar Marcus laat ons dit voor onszelf uitwerken. Hij vertelt ons simpelweg dat: "de talrijke aanwezigen luisterden graag naar hem" (37).

b' – Een waarschuwing tegen de Schriftgeleerden (12:38-40)

Marcus herinnert ons eraan dat hij niet alles opschrijft wat Jezus leerde: "Tijdens zijn onderricht zei hij..." (38). Opvallend is dat aan het begin van Gebeurtenis b eenzelfde indicator is (12:1), gekoppeld aan deze door een spiegelstructuur. Maar de twee gebeurtenissen hebben meer gezamenlijke dingen.

In vers 38-40 bekritiseerd Jezus de Schriftgeleerden van trots (38-39), hebzucht (40a) en hypocrisie (40b). In andere woorden hun lange gebeden zijn blad zonder vrucht. Jezus oordeel is vernietigend: "Over hen zal strenger geoordeeld worden dan over anderen" (40c).

Dit is een duidelijke koppeling met 12:9 in Gebeurtenis b: "Wat zal de eigenaar van de wijngaard daarna doen? Hij zal zelf komen om de wijnbouwers om te brengen en hij zal de wijngaard aan anderen geven." Dit is, zeker, het strenge oordeel die de Israëlische leiders zal wachten, als ze God niet de vruchten kunnen geven die hem toekomen.

a' – Het offer van de weduwe (12:41-44)

Jezus contrasteert hier de vrijgevigheid van de weduwe tegen de betekenisloze van de rijke: "Ik verzeker jullie: deze arme weduwe heeft meer in de offerkist gedaan dan alle anderen die er geld in hebben gegooid want die hebben gegeven van hun overvloed, maar zij heeft van haar armoede alles gegeven wat ze had, haar hele levensonderhoud" (43-44).

Maar er is nog een contrast, als we Gebeurtenis a en a' vergelijken. In 11:27-33 weigert Jezus een antwoord te geven op de vraag die gesteld word door "de hogepriesters, de Schriftgeleerden en de oudsten van het volk" (11:27). Maar hier, in 12:41-44, prijst Jezus een eenzame weduwe. Alles wat zij te bieden hadden waren twee strikvragen om Jezus onderuit te halen; alles wat de weduwe te bieden had waren twee kleine muntjes tot eer van God.

Marcus Blok B in Deel Vijf is een vernietigende kritiek op veel van de geestelijk leiders van Israël. Ze hebben niet het betere van Jezus gezien, maar hun vastberadenheid om zijn leven te eindigen en hun weigering om God de vruchten van toegewijde levens te geven betekenen dat Gods oordeel zeker komt. Dit word een groot thema in Blok C.

Blok C (13:1-37)

De verwoesting van de tempel en het eind van de tijd (13:1-37)

In vers 1 vertelt Marcus ons dat Jezus de tempel verlaat. Hoewel dit een fysieke beschrijving is, is het zeker meer dan dat: het conflict met de Joodse leiders betekent dat Jezus niet meer terugkomt naar de tempel – en hij beschrijft ook de vernietiging ervan in vers 2.

De vraag die Petrus, Johannes, Jakobus en Andreas stellen in vers 4 is cruciaal: "Vertel ons, wanneer zal dat allemaal gebeuren en aan welk teken kunnen we herkennen dat het zover is?" De rest van Blok C is Jezus' antwoord op deze vraag.

Dit is het moeilijkste deel van Marcus' Evangelie om te begrijpen; ik raad de commentaren aan voor wie er in detail op in willen gaan. Twee dingen zijn echter duidelijk: Jezus voorspeld de verwoesting van de tempel (wat gebeurde in het jaar 70) en zijn eigen wederkomst in glorie aan het eind van de tijd. Wat de moeiten veroorzaakt is niet altijd duidelijk in enig gegeven punt in het hoofdstuk die verwijzen naar de twee gebeurtenissen waar Jezus naar verwijst. Het is alsof Jezus kijkt naar Gods oordeel in de geschiedenis door een telescoop, waarbij de kleinste verdraaiing niet meer kijkt in context van de verwoesting van de tempel, maar Jezus wederkomst.

Vers 1-4, zoals we al gezien hebben, vormen een introductie, met Jezus' schokkende voorspelling van de gebeurtenissen in het jaar 70 na Christus en de privé vraag over wanneer dit zal gebeuren.

Vers 5-13 lijken zich te richten voornamelijk (maar niet alleen) op de problemen die leiden naar de verwoesting van de tempel. Er zullen valse profeten komen (5-6), die zeggen de Messias te zijn of dat ze in zijn gezag onderwijzen; er zal lijden zijn (7-8), terwijl oorlogen en natuurrampen het belangrijk maken alert te blijven; en er zal vervolging zijn (9-13), omdat Heidenen en Joden de discipelen van Jezus zullen aanvallen (9), en omdat gezinnen uit elkaar gescheurd worden door verschillende standpunten over Jezus (12).

Vers 14-23 lijkt ons naar het moment van de crisis te brengen. De uitdrukking "de verwoestende gruwel" (14) is genomen uit het boek van Daniel in het Oude Testament (zie bijvoorbeeld, 9:27; 11:31; 12:11). Als honderden Joden worden gedood in de tempel in het jaren toelopend naar het jaar 70 n.C., zien christenen de vervulling van Marcus 13:14. Maar het is ook mogelijk de latere vervulling te zien, in de komst van de Antichrist, voorspeld door de apostel Paulus in 2 Thessalonicenzen 2:3-4. Misschien moeten vers 14-23 gelezen worden alsof de telescoop steeds in en uit schuift.

Vers 24-27, aan de andere kant, lijkt zich te richten op de wederkomst van Jezus. Ze beschrijven het einde van de wereld (24-25), en de komst van de Koning: "Dan zal men de Mensenzoon zien komen op de wolken, bekleed met grote macht en luister" (26). En Jezus neemt de kans om te benadrukken dat Gods kinderen veilig zijn (27).

Vers 28-31 draait de telescoop terug naar het jaar 70. De vijgenboom van vers 28 mag niet verwijzen naar Israël dat barst van leven komt; het kan simpelweg een gelijkenis zijn om waakzaamheid aan te moedigen (en een herinnering die Blok C koppelt aan Blok A). Als deze interpretatie correct is, leert Jezus dat de vernietiging van de tempel snel komt: "Ik verzeker jullie: deze generatie zal zeker nog niet verdwenen zijn wanneer al die dingen gebeuren" (30) [*]. En zelfs als we soms onzeker zijn over de betekenis van Jezus woorden, zijn gezag is onbetwist: "Hemel en aarde zullen verdwijnen, maar mijn woorden zullen nooit verdwijnen" (31).

Uiteindelijk, **vers 32-37** vormen een conclusie voor Jezus onderwijs. Delen van deze paragraaf kunnen gezien worden als advies voor de discipelen over hoe ze moeten leven voor de verwoesting van de tempel, maar het belangrijkste aandachtspunt is Jezus eigen wederkomst. Onmiddellijk na het onderstrepen van zijn eigen gezag (31), leer Jezus zijn onwetendheid van de tijd voor deze laatste grote gebeurtenis in de geschiedenis van de mensheid: "Niemand weet wanneer die dag of dat moment zal aanbreken, de engelen in de hemel niet en de Zoon niet, alleen de Vader" (32).

In dit licht moeten Christelijke discipelen altijd alert zijn op dogmatiek over de details en tijd van de tweede komst van Jezus. Blok C is niet om wilde speculaties te voeden, maar om ons aan te moedigen om uit te kijken (5, 9, 23, 33, 36 en 37).

Dus eindigt Deel Vijf met een korte gelijkenis om ons te bemoedigen om waakzaam te blijven in ons discipelschap (34-36). Zoals de menigten

[*] De uitdrukking "al die dingen" in Blok C lijken te verwijzen naar de verwoesting van de tempel, terwijl de uitdrukking "die dagen" verwijzen naar de wederkomst van Christus. Zie de commentaren voor meer details.

Jezus verwelkomden aan het begin van dit deel, zo moeten wij klaar staan en wachten om hem te verwelkomen wanneer de tijd komt. Dus de boodschap van Blok C is samen te vatten in het laatste woord, als Jezus zegt: “Wees waakzaam!” (37)

In Deel Een van het Evangelie zagen we de confrontatie tussen de oude wijnzakken van een lege religie en de nieuwe wijn die Jezus brengt. Daar, in de tweede helft van Blok B, beschuldigen de Joodse leiders hem (zie 2:7, 16, 18, 24); hier, in Deel Vijf is het Jezus die hen beschuldigd. En zijn grootste aanklacht is het afwezig zijn van vrucht (11:12-13, 15-17; 12:2, 15, 24, 38-40): ze leven niet zoals Gods volk zou moeten leven. En daarom, legt de gelijkenis van 12:1-8 uit, antwoord Jezus zijn eigen vraag: “Wat zal de eigenaar van de wijngaard daarna doen? Hij zal zelf komen om de wijnbouwers om te brengen en hij zal de wijngaard aan anderen geven” (9).

Dit betekent niet dat God gestopt is met het liefhebben van de Joden; het Nieuwe Testament maakt duidelijk dat God plannen heeft om zijn oude volk te zegenen (zie Rom 11:25-36).

Maar we hebben al gezien dat Jezus het nieuwe volk van God tot bestaan heeft geroepen (zie commentaar op 1:13, 14-20; 3:13-14, 31-35). Dit is de Kerk, die bestaat uit alle mensen – Jood of Heiden – die de voorwaarden voor het koninkrijk vervullen van bekering en geloof (zie 1:15).

Dit feit maakt niet dat Christenen zelfvoldaan moeten zijn. Net als dat Jezus naar Israël toekwam de eerste keer, om te zoeken naar vruchten (zie 11:13; 12:1-8), zo zal hij ook naar het nieuwe Israël komen, de Kerk, bij zijn tweede komst (zie 13:34-35).

Jezus heeft het recht om vruchten te zien in de levens van hen die hem volgen.

Leer het Evangelie

Start, zoals altijd, bij Blok B. Onthoud dat gebeurtenissen a, b, c en d te maken hebben met luisteraars met een negatieve houding naar Jezus, terwijl d’, c’, b’ en a’ te maken hebben luisteraars naar Jezus met een positieve houding. Vul de details in als je door het blok heengaat in je hoofd, en de volgorde van de gebeurtenissen zal helderder worden.

Blok A lijkt lang, maar de sandwich na Jezus binnenkomst maakt het makkelijk te onthouden. Wanneer je bij Block C bent, probeer dan geen details te leren. Als je alleen de kop “De verwoesting van de tempel en het eind van de tijd” leert, zou je zo een paar details moeten kunnen toevoegen aan deze twee hoofdthema’s.

Als je onthoud dat de titel van Deel Vijf is "Het Oordeel", zul je onthouden dat in dit deel de leiders van Israël afgewezen worden door Jezus en hij door hen word afgewezen. Zit zijn belangrijke zaken maar Marcus wil dat we erover nadenken.

Het Oordeel

A	Jezus komt Jeruzalem binnen Jezus vervloekt de vijgenboom Jezus reinigt de tempel Jezus geeft onderwijs over het gebed aan de hand van de vijgenboom	3
B	a Het gezag van Jezus ter discussie gesteld b De gelijkenis van de wijnbouwers c Belasting betalen aan de keizer d Het huwelijk na de opstanding	1
	d' Het grootste gebod c' Een vraag over de Messias b' Een waarschuwing tegen de Schriftgeleerden a' Het offer van de weduwe	2
C	De verwoesting van de tempel en het eind van de tijd	4

A+C:	Vijgenboom (11:13 / 13:28)
Logica B:	Vier gebeurtenissen met negatieve luisteraars en vier gebeurtenissen met positieve luisteraars

Ontmoeting met de Heer

Ik hoop dat je de tijd wilt nemen om dit deel door te praten met de Heer. Hij wil horen wat onze gedachten hierover zijn, over elk stuk. Ga door het deel en probeer in te voelen hoe Jezus zich gevoeld heeft als het verhaal doorgaat; de volgende keer, stop na elke paragraaf en aanbid hem. Bid dat de vrucht van Jezus kennen meer en meer zichtbaar zal worden in je leven.

Ik bid dat je Jezus opnieuw mag ontdekken als je tijd met hem doorbrengt in Deel Vijf. Hij wacht om jou te ontmoeten.

Deel Zes: De Liefde (Marcus 14:1-16:8)

Het hele Evangelie is gericht op dit deel: hier gaan we ervaren Wat de climax is van het verhaal dat Marcus ons wil vertellen. In Deel Zes komen we verraad, haat, angst en wanhoop tegen, maar vooral liefde. We zullen de diepte zien van Jezus' liefde aan het kruis en de triomf van het lege graf. Dit is heilige grond, en we zouden diep onder de indruk moeten zijn om hier te staan.

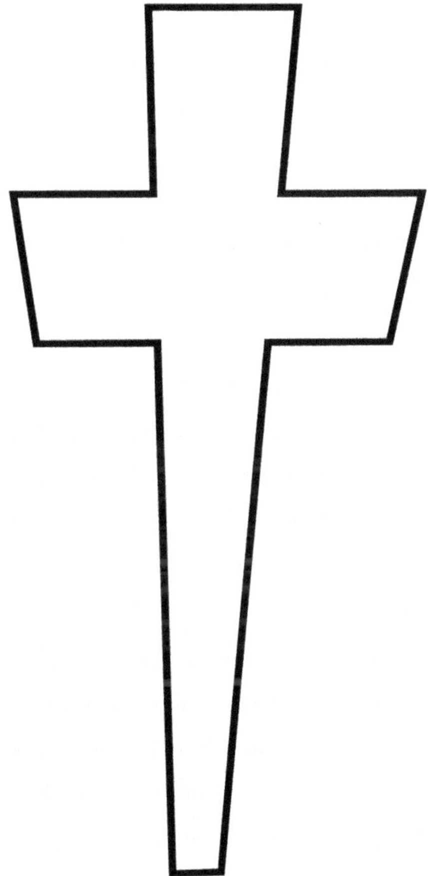

"Ze kruisigden hem." (Marcus 15:24a)

Genieten van het Uitzicht

Blok A (14:1-11)

Plannen tegen Jezus (1-2)
De zalving in Bethanië (3-9)
Plannen tegen Jezus (10-11)

Blok B (14:12-15:39)

a	14: 12-26	Het laatste avondmaal
b	14: 27-31	Jezus voorzegt de verloochening door Petrus
c	14: 32-42	Getsemane
d	14: 43-52	Jezus gearresteerd
d’	14: 53-65	Voor de Joodse Raad
c’	14: 66-72	Petrus verloochent Jezus
b’	15: 1-15	Jezus voor Pilatus
a’	15: 16-39	De kruisiging

Blok C (15:40-16:8)

De vrouwen bij het kruis (15:40-41)
De begrafenis van Jezus (15:42-47)
De opstanding (16:1-8)

Er zijn twee Marcus-sandwiches in Deel Zes. In Blok A, de zalving in Bethanië word gesandwiched tussen de plannen van Jezus’ vijanden om hem te doden, dus er is een patroon van haat-liefde-haat. In Blok C is de begrafenis van Jezus gesandwiched tussen twee vermeldingen van de vrouwen die zijn discipelen waren (zie 15:40-41, 47). Net als alle andere delen, is Deel Zes weer zorgvuldig gestructureerd.

Wat Blok A en Blok C gemeen hebben is de zalving. In Blok A word Jezus gezalfd door een vrouw uit Bethanië, en hij legt het belang ervan uit: “Wat ze kon, heeft ze gedaan: ze heeft mijn lichaam nu al met olie gebalsemd, met het oog op mijn begrafenis” (14:8). En in Blok C vertelt Marcus ons wat er op de vroege zondagochtend gebeurt: “Toen de sabbat voorbij was, kochten Maria uit Magdala en Maria de moeder van Jakobus, en Salome geurige olie om hem te balsemen” (16:1). Dus Blok A en C geven ons twee zalvingen, maar de tweede vindt niet plaats. De opstanding maakt dit onnodig.

De gebeurtenissen in Blok B zijn gekoppeld in paren. Na het laatste avondmaal voorspelt Jezus dat Petrus hem zal verloochenen (Gebeurtenis a en b); Jezus bidt in Getsemane en word daar gearresteerd (Gebeurtenis c en d);

terwijl Jezus onderworpen word aan een kruisverhoor door de hogepriester, verloochent Petrus zijn meester in de binnenplaats (Gebeurtenis d' en c'); en Jezus' rechtszaak tegenover de Romeinse gouverneur leid tot de kruisiging door de Romeinse soldaten (Gebeurtenis b' en a').

Neem de tijd om in één keer door Deel Zes te lezen. In Blok A zie je de liefde van de ongenoemde vrouw; in Blok C zie je de liefde van Jozef voor Jezus; en in Blok B zie je Jezus' liefde voor jou. Probeer je in te beelden hoe het eruit zag en zie jezelf alsof je in de sandalen staat van iedereen die iets te maken had met Jezus. Terwijl je leest, kan het gebeuren dat je stopt met lezen en begint te aanbidden.

Uitpakken van de Inhoud

Blok A (14:1-11)

Plannen tegen Jezus (14:1-2)

Dit is het begin van een Marcus-sandwich (1-11), die het contrast aangeeft van de haat van de Joodse leiders (1-2, 10-11) met de liefde van die ene vrouw (3-9). De meeste mensen in Jeruzalem vieren het Pesach om God te bedanken voor de redding die God aan Israël gaf uit de slavernij van Egypte, terwijl "de hogepriesters en Schriftgeleerden zochten naar een mogelijkheid om hem door middel van een list gevangen te nemen en te doden" (1).

De zalving in Bethanië (14:3-9)

Deze vrouw is bijna zeker Maria (zie ook Johannes 12:1-11), maar Marcus heeft besloten geen naam te noemen. Hij wil dat we niet letten op haar naam, maar op haar liefde.

De parfum die ze over Jezus giet is "zeer kostbaar" (3) en "had immers voor meer dan driehonderd denarie verkocht kunnen worden" (5). Deze overdaad levert haar verontwaardiging en kritiek op van sommige van de aanwezigen. Marcus schrijft: "Ze voeren tegen haar uit" (5).

Maar Jezus verdedigt haar. Hij beschrijft haar daad als mooi (6) en rechtvaardig: "De armen zijn altijd bij jullie, en jullie kunnen weldaden aan hen bewijzen wanneer je maar wilt, maar ik zal niet altijd bij jullie zijn" (7). Jezus zegt niet dat het helpen van de armen onbelangrijk is, maar dat, op dit moment, hem zalven het juiste was om te doen. Meer dan dat: het was profetisch (8). Meestal zalf je een lichaam nadat het gestorven is! Maar iets in de vrouw zegt haar dat Jezus snel zal sterven, en dat beweegt haar tot deze profetische daad van liefde.

In vers 9 zegt Jezus dat deze zalving onvergetelijk is: "Ik verzeker jullie: waar ook maar ter wereld het goede nieuws verkondigd wordt, zal ter herinnering aan haar vertelt worden wat zij heeft gedaan." Jezus verwacht dat in het goede nieuws over hem zal worden gepraat over heel de wereld, maar hij is zo onder de indruk door de liefde van deze vrouw dat hij belooft dat haar overdaad nooit zal worden vergeten. Het is bijna alsof Jezus garandeert dat dit een gedeelte zal zijn van het Nieuwe Testament!

Het is niet moeilijk te zien waarom deze overdadige daad van liefde zo belangrijk is voor Jezus. Hij is naar Jeruzalem gekomen om de meest overdadige daad van liefde uit te voeren die de wereld ooit heeft gezien: hij zal sterven aan het kruis voor onze zonden. En, omgeven door de haat van de leiders en het onbegrip van zijn vrienden, moet de liefde van deze vrouw veel voor hem hebben betekent.

Plannen tegen Jezus (14:10-11)

Jezus reactie op de zalving lijkt de laatste druppel te zijn geweest voor Judas, die naar de hogepriesters gaat met een aanbod dat ze niet kunnen weigeren (10). Het contrast tussen haat aan het begin en het einde van Blok A en de liefde er tussenin, had niet groter gekund. Alles staat klaar voor de gebeurtenissen in Blok B.

Blok B (14:12-15:39)

a – Het laatste avondmaal (14:12-26)

Marcus spiegelstructuur in Blok B koppelt deze gebeurtenis met de kruisiging, en de connectie is niet moeilijk te vinden. Gebeurtenis a legt Gebeurtenis a' uit. De onderdelen van het laatste avondmaal leggen uit wat Jezus dood betekent.

Jezus ziet duidelijk in dat deze laatste maaltijd met zijn vrienden erg belangrijk is: hij heeft veel gedaan om de nodige praktische dingen te regelen (13-16). De reden is dat de discipelen gaan leren hoe Israëls leiders hem gaan doden – hij zal worden verraden door één uit hun midden (18-21). Maar, nog belangrijker, Jezus legt uit wat de betekenis is van zijn dood, door brood en wijn te gebruiken die deel zijn van elke Pesach-maaltijd.

Terwijl de discipelen de wijn drinken, zegt Jezus: "Dit is mijn bloed, het bloed van het verbond, dat voor velen vergoten wordt" (24). De woorden, "voor velen", herinnert ons aan de woorden van Jezus aan het eind van Deel Vier, waar hij zegt dat hij gekomen is om "zijn leven te geven als losgeld voor velen" (10:45). Maar de vermelding van het verbond neemt ons nog veel verder mee terug, naar het Oude Testament, waar God belooft dat hij op een dag een nieuw verbond zal maken waarin man en vrouw vergeving zouden vinden in hun relatie met God (zie Jer 31:31-34) door de aanwezigheid van de Heilige geest (zie Ez 36:26-27). Johannes de Doper heeft er al naar verwezen toe hij predikte over Jezus (zie 1:8), en nu zegt Jezus dat zijn dood dit nieuwe verbond mogelijk zal maken. Hij zal sterven om het voor ons mogelijk te maken om God te kennen.

In vers 25 verwijst Jezus naar de messiaanse maaltijd in de hemel (zie 6:34-44); die is ook mogelijk gemaakt door zijn dood. Maar het is niet alleen Jezus die uitlegt wat het kruis betekent bij het laatste avondmaal. Marcus legt het ook uit, door de manier waarop hij het presenteert. Het was de tijd, zegt hij, "wanneer het pesachlam wordt geslacht" (12). Jezus dood zal een offer zijn. Marcus begrijpt dit en hij wil dat wij dit begrijpen.

b – Jezus voorzegt de verloochening door Petrus (14:27-31)

Eerst voorspelt Jezus hier dat alle discipelen hem zullen verlaten, en hij citeert uit het Oude Testament om het te bewijzen: "Ik zal de herder doden, en de schapen zullen uiteengedreven worden" (27). Het interessante van dit citaat uit Zacharia 13:7, is dat God spreekt: de dood van Jezus is niet alleen het resultaat van de Joodse of de Romeinse handelingen – het is iets dat God zichzelf aandoet (zie ook Jesaja 53:10).

Deze verlatenheid zal niet eeuwig zijn, zoals vers 28 duidelijk maakt met de verwijzing naar de opstanding. Maar Petrus, typisch vol zelfvertrouwen, is er zeker van dat hij Jezus nooit zou verlaten, hoewel hij niet uitsluit dat de anderen dat zullen doen (29), wat gelijkstaat aan "Ik ben de grootste" (zie 9:33-37). En de voorspelling van Jezus dat Petrus hem drie keer zou verloochenen veroorzaakt dat Petrus net als eerder zijn Heer tegenspreekt: "Maar Petrus hield met grote stelligheid vol: 'Al zou ik met u moeten sterven, ik zal u nooit verloochenen'" (31, zie ook 8:32). Marcus voegt toe: "Alle anderen zeiden iets dergelijks" (31b).

c – Getsemane (14:32-42)

Marcus wil dat we zien in welke angst Jezus zit als hij denkt aan het kruis: "Hij voelde zich onrustig en angstig worden" (33). En hij is niet bang om dit te zeggen tegen Petrus, Jakobus en Johannes, zijn dierbaarste vrienden: hij "zei tegen hen: 'Ik voel me dodelijk bedroefd; blijf hier waken'" (34). En toch vallen ze drie keer in slaap (37, 40, 41). En dus waarschuwt Jezus hen, "Blijf wakker en bid dat jullie niet in beproeving komen" (38). Geen van hen zal naar deze waarschuwing luisteren.

Maar Marcus benadrukt Jezus' gebed: "Hij zei: 'Abba, Vader, voor u is alles mogelijk, neem deze beker van mij weg. Maar laat niet gebeuren wat ik wil, maar wat u wilt'" (36). Jezus gebruikt het meest intieme Aramese woord voor 'vader', en hij vraagt of hij misschien niet naar het kruis hoeft te gaan. Dit is niet om de fysieke pijn, maar om de geestelijke prijs: als het pesachlam (zie 12), zal Jezus het goddelijk oordeel over zich krijgen die anderen verdienen. En drie keer is het antwoord Nee; er is geen andere manier voor zondaren om gered te worden. En dus, aan het eind van deze paragraaf, gaat Jezus om zijn verrader te ontmoeten (41-42). Hij heeft zijn besluit genomen.

d – Jezus gearresteerd (14:43-52)

Marcus wil Jezus eenzaamheid onderstrepen. Judas is "een van de twaalf" (43) en hij arriveert in Getsemane met een bewapende groep mensen en met een kus van verraad (45). Terwijl Jezus gearresteerd word, reageert een van de discipelen met geweld om een ontsnapping mogelijk te maken (45, zie ook Johannes 18:10). Maar Jezus weet dat "de Schriften in vervulling moeten gaan" (49).

En op dit punt is de eenzaamheid die Jezus voelde toen hij bad, nog intenser. Marcus vertelt simpelweg: "Toen lieten allen hem in de steek en vluchtten weg" (50). En dit waren niet zijn vijanden – dit waren zijn beste vrienden.

Alleen Marcus vertelt ons van een andere jongeman die wegrende (51-52). Het is mogelijk dat dit Marcus zelf was die in de tuin geslopen was, aangetrokken door het lawaai in het donker. We weten het niet, maar als het Marcus was, is dit niet de laatste keer dat hij wegrende (zie ook Handelingen 13:13). En, of het nu wel of niet Marcus was, Jezus is nu alleen.

d' – Jezus voor de Joodse Raad (14:53-65)

Er is nog een extra sandwich die begint in vers 53, en eindigt in vers 72. Door Petrus te noemen voor hij vertelt over Jezus kruisverhoor door de raad, maakt Marcus duidelijk dat deze twee gebeurtenissen b' en c', op hetzelfde moment gebeuren: terwijl Jezus ondervraagd wordt door zijn vijanden, ontkent zijn vriend zelfs maar te weten van zijn bestaan.

Met deze spiegelstructuur trekt Marcus onze aandacht naar het contrast tussen de moed van Jezus in Gebeurtenis d' en de lafheid van de discipelen bij zijn arrestatie (Gebeurtenis d). Wij hebben geen twijfel dat Jezus onschuldig is, omdat zelfs de oneerlijkste getuigen elkaar tegenspreken (55-59); het bewijs tegen hem houdt geen stand.

Terwijl de hogepriester hem ondervraagt, verdedigt Jezus zichzelf niet maar blijft hij stil (60-61a). Maar wanneer het aankomt op directe vragen over zijn identiteit, is zwijgen geen optie (61b-62). Jezus' moed hier is verbazingwekkend: hij moet weten dat zijn bewering de Messias en de Zoon van God te zijn, alleen maar kan leiden tot veroordeling. Zijn liefde voor zijn Vader en zijn liefde voor zondaren betekent dat hij vastberaden is om naar het kruis te gaan.

c' – Petrus verloochent Jezus (14:66-72)

Marcus koppelt deze gebeurtenis met de situatie in Getsemane in Gebeurtenis C. Daar bad Jezus drie keer; hier ontkent Petrus hem drie keer. Maar, er is nog een koppeling. In Getsemane heeft Jezus zijn discipelen een waarschuwing gegeven: "Blijf wakker en bid dat jullie niet in beproeving komen" (38).

Nu laat Marcus zien dat Petrus deze waarschuwing niet heeft onthouden. Terwijl Jezus daar alleen staat voor de Joodse Raad, zit hij in de binnenplaats buiten (54, 67). Zijn bewering dat hij geen relatie heeft met Jezus is het bewijs dat hij niet wakker bleef en bad. Dus Petrus' verloochening vervult niet alleen vers 30 maar ook vers 38. Marcus wil ons zeker een verband laten leggen en laat ons stappen nemen zodat we niet in verleiding vallen zoals gebeurde bij Petrus.

b' – Jezus voor Pilatus (15:1-15)

De vergadering in deze vroege morgen van de Joodse Raad (1) is nodig, want de Joodse wet stond niet toe om samen te komen in de nacht. Voor Pilatus weigert Jezus weer zichzelf te verdedigen (4-5), maar hij is weer open over zijn identiteit (2).

Marcus vertelt ons dat Pilatus doorhad waar de hogepriesters mee bezig waren: hij bied aan om Jezus vrij te laten, "want hij begreep wel dat de hogepriesters hem uit afgunst hadden uitgeleverd" (10). Maar de druk van de menigte maakt dat Pilatus' poging om recht te doen van korte duur is: "Omdat Pilatus de menigte tevreden wilde stellen, liet hij Barabbas vrij. Jezus leverde hij uit om gekruisigd te worden, nadat hij hem eerst nog had laten geselen" (15).

De spiegelkoppeling met Gebeurtenis b onderstreept weer Jezus' eenzaamheid. Jezus had al voorspeld dat zijn vrienden hem zouden verlaten (zie 14:27-31); nu roept de menigte, van wie sommigen hem verwelkomd hadden op zijn spectaculaire intocht in Jeruzalem op Palmpasen (zie 11:1-11) “Kruisig hem!” (13-14).

Marcus wil ons hier nog een les leren. Hij heeft al duidelijk gemaakt dat Jezus onschuldig is, en Pilatus is het eens met deze uitspraak (14a). Maar Marcus vertelt ons dat Barabbas, vrijgelaten door Pilatus in plaats van Jezus, schuldig is: “Op dat moment zat er een zekere Barabbas gevangen, samen met de andere opstandelingen die tijdens het oproer hadden gemoord” (7). In andere woorden, de veroordeling van een onschuldige betekent de vrijlating van een schuldige. Voor ons het goede nieuws van het kruis.

a’ – De kruisiging (15:16-39)

Dit laatste stuk van Blok B is de climax waar Marcus ons naar toe brengt vanaf Deel Een van zijn evangelie (zie 2:20; 3:6). In Deel Vier voorzegt Jezus zijn eigen dood (zie 8:31; 9:31; 10:33-34); maar er is maar weinig uitleg tot het laatste avondmaal in Deel Zes (14:12-26, maar zie 10:45). Hier koppelt de spiegelstructuur de Gebeurtenissen a en a’, die ons leren wat de kruisiging betekent.

Marcus onderstreept voor ons de diepte van Jezus lijden. De klappen die hij krijgt van de soldaten in vers 16-20 en zijn geseling daarvoor (15) maken het hem fysiek onmogelijk om zijn kruis te dragen. Als Marcus schrijft “ze brachten hem naar Golgotha” (22), gebruikt hij een heel fysiek woord: Ze moesten hem bijna daarheen dragen, niet omdat hij niet wil, maar omdat hij niet kan. In vers 23 weigert hij verdovingsmiddel – Jezus is vastberaden zijn lijden niet te verzachten voor ons.

“Ze kruisigden hem” (24). Marcus geeft ons geen beschrijving van het fysieke lijden dat dit meebrengt, misschien omdat hij onze aandacht op iets anders wil richten. Zijn drie verwijzingen naar de tijd (25, 33, 34) kunnen ons helpen om de dingen te zien zoals Marcus wil dat we ze zien.

Eerst, vanaf 9 uur, zijn er drie uren van bespotting (25-32). Hoewel er drie mannen gekruisigd worden (27), is deze bespotting naar Jezus gericht: “De voorbijgangers keken hoofdschuddend toe en dreven de spot met hem” (29). De religieuze leiders genieten van het spektakel (31-32) en zelfs de rovers die met hem gekruisigd zijn, verzamelen energie om te spotten (32b). Marcus wil dat we de ironie zien van wat de hogepriester zegt, hoewel hij het zeker niet doorheeft: “Anderen heeft hij gered, maar zichzelf redden kan hij niet!” (31b) De waarheid is natuurlijk wat anders: het was juist om anderen te redden dat hij zichzelf niet redde.

Ten tweede, vanaf de middag, zijn er drie uren van duisternis (33). Dit is niet een eclips van de zon, die nooit plaatsvond met Pasen. Nee, dit is een ingrijpen van God, een onnatuurlijke duisternis creëren in de schepping terwijl de schepper sterft (zie Joh 1:3; Col 1:16).

En ten derde, om 3 uur, roept Jezus uit, “Eloï, Eloï, lema sabachtani?” (34), wat Marcus voor ons vertaalt met: “Mijn God, mijn God, waarom hebt u mij verlaten?” We hebben geen antwoord op deze vraag, maar er is maar één ding in dit universum dat een mens kan scheiden van God, en dat is zonde. Maar Marcus, zoals we al zagen, heeft duidelijk gemaakt dat Jezus onschuldig is; zo duidelijk wil hij dat we zien dat de zonde die Jezus scheid van zijn Vader, niet van hem is, maar van ons. Een onschuldige sterft in plaats van de schuldige zondaars.

Deze uitleg van het kruis word bevestigd door Marcus vermelding van wat er gebeurde toen Jezus stierf: “Het voorhangsel van de tempel scheurde van boven tot onder in tweeën” (38). Het voorhangsel voor het Heilige der Heiligen hield de aanbidders in de tempel uit de aanwezigheid van God: hun zonden maakten de toegang tot het heilige onmogelijk. Maar nu is dat voorhangsel verdwenen, door de dood van Jezus. Met de dood en het scheuren van het voorhangsel zegt God nu tegen iedereen die wil luisteren, “De prijs is betaald, je kunt nu binnen komen.”

Vers 39 vertelt ons één van de reacties op de kruisiging: “Toen de centurio, die recht tegenover hem stond, hem zo zijn laatste adem zag uitblazen, zei hij: ‘Werkelijk, deze mens was Gods Zoon!’” Deze Romeinse soldaat is de eerste in Marcus’ Evangelie die dit doorheeft van Jezus. Veel eerder, in Deel Een heeft de Vader Jezus’ identiteit bekendgemaakt bij zijn doop (zie 1:11) en de machten van het kwaad hebben hem ook herkend (1:34; 3:11). Maar nu, in Deel Zes, noemt een mens Jezus voor het eerst de Zoon van God. En het bijzondere is, dat het een Heiden is.

Herinner je je de introductie van Marcus van het Evangelie? “Het begin van het evangelie van Jezus Christus, Zoon van God” (1:1). Aan het eind van Deel Drie zien we de eerste mens die ziet dat Jezus de Christus is, de Messias: “Petrus antwoordde: ‘U bent de Messias” (8:29). En nu, aan het einde van Deel Zes, zegt een Romeinse Centurion: “Werkelijk, deze mens was Gods Zoon!” (15:39)

We weten niet wat hij begreep of bedoelde met deze woorden. Maar Marcus wil dat we inzien dat deze man aan het kruis niet een tragisch figuur is met een onterechte dood; hij is de eeuwige Zoon van God, die stierf voor de zonden van de wereld. Marcus wil dat we de Christus aanbidden, de Zoon van God.

Blok C (15:40-16:8)

De vrouwen bij het kruis (15:40-41)

Er is hier nog een Marcus-sandwich. Vers 42-46 beschrijven Jezus begrafenis, en Marcus noemt aan beide kanten de vrouwen (40-41; 47). De vrouwen zijn trouwer dan de mannen. De apostelen hebben Jezus verlaten, maar de vrouwen zijn er, terwijl ze kijken hoe hij sterft.

De begrafenis van Jezus (15:42-47)

Marcus vertelt ons van Jozef van Arimatea, een lid van de Joodse Raad, en, tot dit moment, een geheime discipel "die zelf ook de komst van het koninkrijk van God verwachtte" (43). Nu raapt hij de moed bijeen om Pilatus te vragen naar Jezus lichaam: aan het eind van de paragraaf komt hij naar buiten als een volgeling van Jezus. Marcus wil zijn lezers aanmoedigen om hetzelfde te doen.

De sandwich eindigt in vers 47, als twee vrouwen de locatie van het graf opmerken. De opstelling is klaar voor de grote gebeurtenis van zondagmorgen.

De opstanding (16:1-8)

Drie van de vrouwen gaan naar het graf om Jezus lichaam te zalven, maar de kruiden die ze voor dit doel gekocht hadden (zie 1), zullen niet gebruikt worden vandaag. In Blok A van dit Deel zagen we dat Jezus lichaam al gezalfd is voor de begrafenis (zie 14:3-9, en specifiek 8).

Het open graf en de verschijning van de engel (die Marcus beschrijft als een jonge man, 5) vult hen met angst. Stel je hun gevoelens voor, terwijl hij ze het verbazingwekkende nieuws brengt dat Jezus opgestaan is uit de dood. Voordat ze dit kunnen verwerken, krijgen ze een opdracht mee: "Ga terug en zeg tegen zijn discipelen en tegen Petrus: 'Hij gaat jullie voor naar Galilea, daar zullen jullie hem zien, zoals hij jullie heeft gezegd'" (7). Het is heel onwaarschijnlijk dat de discipelen deze boodschap begrepen toen ze het de eerste keer hoorden (zie 14:28), dus nu moeten ze het weer horen.

En, er is een speciale boodschap voor Petrus in de woorden van de engel. Als de twee woorden "en Petrus" er niet in hadden gestaan in vers 7, kan hij hebben geconcludeerd dat Jezus niks meer met hem te maken wil hebben: zijn arrogante zelfverzekerdheid (zie 14:29-31) en lafhartige ontkenning (zie 14:66-72) hebben hem zeker gediskwalificeerd van discipelschap van Jezus. Maar de opgestane Jezus ziet dingen duidelijk anders! Hij wil Petrus vergeven en hem gebruiken om anderen te vertellen over het goede nieuws over vergeving.

Maar de boodschap wordt niet direct overgebracht. Het laatste vers van Deel Zes is hoofdstuk 16, vers 8: "Ze gingen naar buiten en vluchtten bij het graf vandaan, want ze waren bevangen door angst en schrik. Ze waren zo erg geschrokken dat ze tegen niemand iets zeiden." Deze tijdelijke ongehoorzaamheid is begrijpelijk, maar is het toch fout niet aan de boodschap van de engel te gehoorzamen.

Maar wij, lezers van het Evangelie, zijn niet bang. We weten dat de opstanding een historisch feit is, de bevestiging dat de boodschap van het kruis waarheid is. Aan het eind van Deel Zes zijn de vrouwen vol vraagtekens, terwijl de zekerheid van de engel een uitroepteken is: "Hij is opgestaan!" (6) Marcus wil met ons een reis maken van twijfel naar vertrouwen, om toe te staan dat Jezus' liefde ons verandert.

Leer het Evangelie

Neem de tijd om Deel Zes te leren; ik ben er zeker van dat de eerste christenen dat deden.

Begin weer met Blok B. Onthoud dat de eerste gebeurtenis (a) de laatste uitlegt (a'): het laatste avondmaal geeft de betekenis van de kruisiging. Onthoud ook dat de gebeurtenissen in Blok B gepaard zijn: Het laatste avondmaal leid naar Jezus voorzegging van Petrus verloochening; zijn gebed word gevolgd door de arrestatie in Getsemane; terwijl Jezus verhoord word verloochend Petrus zijn Heer in de binnenplaats; en de Romeinse gouverneur geeft Jezus aan de Romeinse soldaten om gekruisigd te worden.

Als je de hoofdzaken van Blok B in je hoofd hebt, ga naar Blok A en C. Blok A is een haat-liefde-haat sandwich, die het makkelijk maken het te leren. Blok C begint met een andere sandwich (vrouwen-graflegging-vrouwen); en het moet niet moeilijk zijn dat het deel eindigt met de opstanding!

De Liefde

A	Plannen tegen Jezus De zalving in Bethanië Plannen tegen Jezus	5
B	a Het laatste avondmaal b Jezus voorzegt de verloochening door Petrus	1
	c Getsemane d Jezus gearresteerd	2
	d' Voor de Joodse Raad c' Petrus verloochent Jezus	3
	b' Jezus voor Pilatus a' De kruisiging	4
C	De vrouwen bij het kruis De begrafenis van Jezus De opstanding	6

A+C:	Olie/zalving (14:8 / 16:1)
Logica B:	gekoppeld in paren

Ontmoeting met de Heer

Terwijl je door de gebeurtenissen van Deel Zes gaat in je gedachten, neem de tijd om te stoppen, om Jezus te bedanken voor zijn liefde in elke stap van de weg, en aanbid hem. Vraag hem om deze gebeurtenissen echt te maken voor je; vraag hem om je hart te raken; vraag hem om je leven te veranderen. Misschien wil je bidden dat je niet zult zijn als Petrus, maar zoals de vrouw die Jezus zalfde in Blok A.

De herkenning van zijn liefde voor ons zal onze liefde voor hem vergroten. Ik bid dat dat de ervaring zal zijn die je krijgt als je je openstelt voor de opgestane Jezus.

Marcus’ Conclusie (Marcus 16:9-20)

Of is dat het niet? Veel theologen denken dat vers 9-20 later toegevoegd zijn aan het Evangelie: ofwel het originele einde is verloren gegaan of Marcus is gestopt met schrijven in vers 8. Het kan zijn dat ze gelijk hebben. Maar wat de waarheid ook is, deze conclusie is vroeg geschreven.

Genieten van het Uitzicht

a De verschijning van de opgestane Heer (9-14)
b De boodschap van de uitzendende Heer (15-18)
c De discipelen van de opgaande Heer (19-20)

Hoewel deze conclusie misschien niet van Marcus is, past het wel bij de introductie. In 1:1-8 en in 16:9-20 is een belangrijk onderwerp getuigen van het goede nieuws over Jezus. Maar, in de introductie *komen* ze om het goede nieuws te vertellen, terwijl ze in de conclusie *gaan* om het goede nieuws te vertellen. In de introductie zijn de getuigen Marcus, de oudtestamentische profeten en Johannes de Doper; in de conclusie zijn de getuigen enkele discipelen, de elf apostelen – en wij, die de boodschap geloven.

Uitpakken van de Inhoud

a – De verschijning van de opgestane Heer (16:9-14)

Er zijn twee belangrijke elementen hier. Eén, Jezus leeft. Hij verschijnt aan Maria Magdalena (9-11, zie ook Joh 20:10-18), de twee discipelen die door het land lopen (12-13, zie ook Luc 24:13-32), en dan aan de elf apostelen (14, zie ook Joh 20:26-29).

Het tweede belangrijke element is dat de apostelen het niet geloofden (11, 13). En Jezus wijst ze terecht voor hun ongeloof in vers 14.

b – De boodschap van de uitzendende Heer (16:15-18)

Nu zend Jezus zijn apostelen in de hele wereld om het goede nieuws te verkondigen (15, zie ook 1:1, 15; Matt 28:19). De boodschap is dat geloof onmisbaar is om gered te worden (16) en de tweede helft van dat vers maakt dat de doop niet een voorwaarde is voor redding.

Dan belooft Jezus om zijn boodschap te bevestigen door wonderen, hoewel deze belofte niet per se zegt dat elk individu deze dingen zal doen, maar de Kerk als geheel (16-18).

c – De discipelen van de opgaande Heer (16:19-20)

Vers 19 vertelt ons dat Jezus opgaat naar de hemel en nu zit op de plaats van autoriteit – aan zijn Vaders rechterhand.

En vers 20 vertelt ons hoe het ongeloof van de apostelen verandert in geloof. Ze doen wat de Heer hen opgedragen heeft en hij houd zijn belofte om hun boodschap te bevestigen.

Leer het Evangelie

Leer gewoon de koppen, die in logische volgorde staan.

Ontmoeting met de Heer

Ga door vers 9-20 in je hoofd. Aanbid de opgestane Heer en vraag hem om je geloof te versterken; Luister naar de uitzendende Heer die ook jou in de wereld zend om het goede nieuws te delen; en gehoorzaam de opgestane Heer door te gaan waar hij je stuurt.

En je zult steeds opnieuw Jezus herontdekken en hem beter leren kennen.

Mijn Conclusie: Het Experiment gaat door

Ik hoop dat je de tijd hebt genomen om door *Het Marcus Experiment* te gaan om de structuur van het Evangelie te leren. Als je het hebt gedaan, dan heb je Jezus de boodschap van Gods koninkrijk horen aankondigen; je hebt gezien hoe hij de realiteit ervan bewees door zijn gelijkenissen en wonderen; je hebt gezien hoe hij zijn discipelen getraind heeft en hen hielp bij het herkennen van hem als de Messias; je hebt gehoord wat hij leerde over wat discipelschap betekent en dat hij uitlegde dat hij zou lijden, sterven en weer zou opstaan; je hebt gezien hoe hij reageerde op de aanvallen van de religieuze leiders en zijn waarschuwing naar hen van Gods komende oordeel in de vernietiging van de tempel; en je hebt hem zien sterven aan het kruis als Redder van de wereld en levend zien verschijnen voor zijn discipelen die hij uitzond in de wereld om het goede nieuws van het Evangelie bekend te maken. Ik hoop dat je Jezus opnieuw hebt leren kennen.

Maar dat proces stopt nu niet omdat je het einde van dit boek hebt ontdekt. Ik wil een paar manieren aangeven waarin je Marcus' Evangelie kunt gebruiken om Jezus beter te leren kennen.

1. Gebruik Marcus' Evangelie voor aanbidding en gebed

Neem een deel van Marcus. Loop door de gebeurtenissen in je gedachten (zonder je bijbel), en onthoudt niet alleen de gebeurtenissen in volgorde; praat in plaats daarvan met Jezus over wat hij zegt en doet. Neem tijd om te genieten van zijn nabijheid: aanbid hem voor zijn kracht en liefde, en bid voor jezelf terwijl je door de gebeurtenissen gaat.

Dit kun je thuis doen in je kamer, of terwijl je in de bus zit. Je kunt kiezen om Deel Een te gebruiken voor deze week; en de volgende week Deel Twee.

2. Gebruik Marcus' Evangelie om je te helpen te bidden voor anderen

Soms voel je dat je moet bidden voor een vriend of familielid, maar je weet niet hoe je moet bidden. Waarom neem je niet een gedeelte van het evangelie en bid je daardoor, de hele tijd voor die specifieke persoon?

Bij sommige gebeurtenissen zul je bidden dat hij of zij meer mag ontdekken wie Jezus is en waarom hij kwam; soms zul je bidden dat hij of zij niet dezelfde fout maakt als de discipelen maakten; soms zul je bidden dat hij of zij groeit in geloof en liefde. Het Evangelie kan je helpen om te bidden voor anderen, of het nou christenen zijn of nog niet.

3. Gebruik Marcus' Evangelie voor een Marcus Wandeling

Ga wandelen (zonder bijbel) met een vriend die ook de structuur heeft geleerd van Marcus. Ga om de beurt elkaar vertellen wat er in welke gebeurtenis plaatsvind, alsof de ander nog nooit het evangelie heeft gehoord; als je je niet kunt herinneren wat erna komt, of je bent een paar details kwijt, dan kan je vriend je helpen. Je kunt kiezen voor de helft, of het hele Evangelie, afhankelijk van hoeveel tijd je hebt, of van hoeveel delen je hebt geleerd.

De Marcus Wandeling werkt ook goed in een groep. Maar als er meer dan vier of vijf zijn, dan kan het lastig zijn te horen wat er gezegd word. De eerste keer dat ik een Marcus Wandeling deed, was het met vijftien mensen, lopend door de Oostenrijkse Alpen. Elke vijf minuten stopten we, en stonden in een cirkel terwijl een van ons de volgende gebeurtenis vertelde. De rest van ons was daar om te helpen. We waren weg voor twee en een half uur, en in die tijd hebben we elkaar het hele Evangelie, van begin tot eind, vertelt. En we hebben Jezus opnieuw ontdekt.

4. Gebruik Marcus' Evangelie in een leerprogramma

Je jeugdgroep of studentengroep kan ervoor kiezen om de structuur van Marcus te gebruiken in het programma. Je kunt kiezen voor een deel per week, of een deel per maand, en zo Jezus opnieuw leren kennen door er samen over te praten of door een spreker uit te nodigen. Sommigen van de groep kunnen kiezen om de structuur voor zichzelf te leren, zodat ze Jezus beter kunnen leren kennen.

Dit werkt ook goed in het leerprogramma van een kerk. De kerkleiding kan kiezen om een serie preken te houden over het Marcus' Evangelie. De eerste preek kan gaan over de Marcus' Introductie (1:1-8), en dat prikkelt de gemeente om Jezus beter te gaan leren kennen. Dan kun je twee of drie preken per deel houden.

5. Gebruik Marcus' Evangelie in een Bijbelkring

Het is mogelijk om het hele Evangelie te leren – en te bestuderen – in een Bijbelkring context. Er is een voorgestelde uitleg in Appendix 2.

6. Gebruik Marcus' Evangelie in een Drama

De structuur van Marcus die in dit boek wordt uitgewerkt maakt het mogelijk om het hele Evangelie uit te werken in een toneelstuk. 15 mensen van een kerk of een studentengroep presenteren het hele Evangelie in een ronde-theater opstelling. Er zijn meer details in Appendix 1, en nog veel meer op de Marcus-drama Website www.themarkdrama.com.

Ik heb zes ideeën gegeven over hoe je het Evangelie van Marcus kunt gebruiken om Jezus beter te leren kennen, maar je kunt er vast meer verzinnen. Hoe beter we Jezus kennen, hoe meer we ervaren dat hij ons verandert en ons helpt om hem te volgen, en we worden dan ook beter toegerust om het goede nieuws te delen met onze vrienden.

Ik bid dat je Jezus opnieuw zult ontmoeten, als je God toestaat Marcus' Evangelie in je leven te gebruiken, je studenten groep en je kerk.

Tot slot ...

Het Christen-zijn is meer dan slechts een boodschap geloven: het is een kennen van Jezus, de Christus, de Zoon van God. Ik weet zeker dat dit één reden is waarom Marcus zijn Evangelie schreef. Hij wil ons laten zien wie Jezus is.

En we kunnen Jezus vragen om de ogen van onze harten en gedachten te openen, zoals hij fysiek ogen van blinden opende in het Evangelie (zie 8:22-26; 10:46-52).

Op een dag zullen we Jezus zien in zijn glorie, zoals Petrus, Jakobus en Johannes hem gezien hebben bij de verheerlijking. En dan zullen we zijn als hij.

Met zijn hulp kunnen we deze verheerlijkte Heer nu leren kennen – en we kunnen de wereld van hem vertellen.

Appendix 1:
Hoe start je het Marcus Drama

Het Marcus Drama is een dramatische presentatie van Marcus' Evangelie, waarin elke gebeurtenis opgenomen is. Het word gedaan door een team van 15 mensen van een kerk of christelijke studentenvereniging. **Het Marcus Drama** gebeurt in een ronde-theater opstelling en gebruikt geen kostuums, rekwisieten, microfoons of verteller.

Het Marcus Drama is al uitgevoerd in een aantal landen over heel de wereld. Er is veel informatie hierover op www.themarkdrama.com. Wat hier volgt is een korte samenvatting om je warm te maken.

Het doel

Het doel van **het Marcus Drama** is dat het uitgenodigde publiek het gehele verhaal van Jezus, vanuit het Evangelie van Marcus, kan ervaren. De actie vind niet alleen in het centrum plaats, maar ook in de gangpaden en de tussenpaden. Het ervaren van **het Marcus Drama** leid er vaak toe dat mensen Marcus voor zichzelf gaan lezen, of een gaan een Alpha-cursus doen. Er is grote kracht in het woord van God!

Het team

In de zes weken die voorafgaan aan het optreden leren de acteurs de volgorde van de gebeurtenissen van het Marcus Evangelie. Dit is niet moeilijk als ze dit boek gebruiken om ze te helpen. Behalve dat moeten ze het Evangelie helemaal door lezen zodat ze weten waar de gebeurtenissen over gaan. Er is geen script om te leren. Uiteraard heeft de Jezus-acteur meer werk te doen – maar er is genoeg materiaal om hem te helpen wat Jezus woorden zijn in Marcus.

Het leren

In de zes weken die voorafgaan aan het optreden leren de acteurs de volgorde van de gebeurtenissen van het Marcus Evangelie. Dit is niet moeilijk als ze dit boek gebruiken om ze te helpen. Behalve dat moeten ze het Evangelie helemaal door lezen zodat ze weten waar de gebeurtenissen over gaan. Er is geen script om te leren. Uiteraard heeft de Jezus-acteur meer werk te doen – maar er is genoeg materiaal om hem te helpen wat Jezus woorden zijn in Marcus.

De repetities

De eerste repetitie is een paar dagen voor de eerste uitvoering, en de gehele repetitietijd is ongeveer 12 uur. De regisseur helpt met het leren van het toneelstuk door geleide improvisatie. De repetities zijn vermoeiend, boeiend, uitdagend, ontroerend en levens-veranderend.

De uitvoeringen

De meeste teams doen twee uitvoeringen in opeenvolgende dagen. De uitvoering duurt ongeveer 90 minuten, zonder pauze. **Het Marcus Drama** is niet geschikt voor kinderen onder de 8 jaar.

Als je meer wilt weten over **het Marcus Drama** en je afvraagt of dit iets is voor jouw kerk of christelijke studentenvereniging, kijk dan op de website. En, als je vragen hebt of hier meer mee wil doen, neem dan contact op, we helpen graag!

www.themarkdrama.com
info@themarkdrama.com

Appendix 2: Het Marcus Experiment in een Bijbelkring

De volgende serie van studies duurt 13 weken en is ontworpen voor groepsgebruik. Veel mensen vinden het makkelijker om het Evangelie te leren en gebruiken als ze het samen met anderen doen. Als alternatief kunnen twee vrienden er voor kiezen dit samen te gaan doen.

Een paar aanwijzingen voor de kringleiders

1. Het doel moet duidelijk zijn: we doen het Marcus Experiment om Jezus Christus beter te leren kennen.
2. Probeer een atmosfeer te creëren waarin mensen zich ontspannen voelen, zodat je kunt genieten van het uit het hoofd te leren, in plaats van er nerveus voor te zijn.
3. Het kan helpen om een poster te hebben van elk van de zes delen, en van Marcus' Introductie (1:1-8). De groep kan het deel kopiëren of iedereen kan zijn eigen exemplaar hebben van *Het Marcus Experiment*.
4. De uitleg van de structuur van elke deel kan gevonden worden in het boek, onder het kopje "Genieten van het Uitzicht".
5. U kunt een pauze nemen tussen week 7 en 8, om de eerste helft van het Evangelie terug te kijken.
6. Behalve bidden voor persoonlijke noden en het verspreiden van het Evangelie in heel de wereld, kan gebedstijd gebruikt worden om over het deel van Marcus heen te bidden waar de groep op studeert.
7. Een goed idee is om een Marcus Wandeling te doen (zie Mijn Conclusie), in een groep of met z'n tweeën of drieën.
8. Bidden voor de groep die het Marcus Experiment samen doet zal resulteren in een ontmoeting met Jezus.

Dertien weken in Marcus Evangelie

Week Een

Uitleg van het experiment: laat de structuur van het Evangelie zien met behulp van Deel Twee als voorbeeld (zie Mijn Introductie in *Het Marcus Experiment*).

Waarom leer je het Evangelie?

Doel van het experiment: Jezus beter leren kennen.

Lees Marcus introductie (1:1-8)

Gebruik de volgende vragen om te studeren op het gedeelte:

1. Waarom scheef Marcus zijn Evangelie? Waarvan wil hij ons overtuigen?
2. Waarom is Johannes de Doper zo belangrijk in deze verzen?
3. Wat is het belangrijkste in de passages van Maleachi en Jesaja?
4. Wat is het belangrijkste van Johannes' boodschap?
5. De drie oudtestamentische passages waarin God een nieuw verbond belooft staan in Jeremia 31:31-34, Ezechiël 36:25-27 en Joël 2:28-32. Over welk van deze passages zal Johannes het over gehad hebben denk je?
6. Hoe wil Marcus dat zijn lezers zich voelen aan het eind van vers 8?

Leer Marcus introductie in de groep (d.w.z. de vijf koppen).

Bid samen.

Week Twee

Wie weet Marcus introductie uit het hoofd?

Deel Een (1:9-3:12)

Uitleg van de structuur
Lees het gedeelte samen
Opnieuw uitleg van de structuur

Bestudeer het gedeelte, en maak gebruik van de onderstaande vragen:

Vragen bij Deel Een

1. Waarom zijn de mensen zo enthousiast over Jezus in dit gedeelte?
2. Wat zijn de redenen voor de beslissing van de Farizeeërs in 3:6? (Zie 2:1-3:6)
3. Hoe kunnen we Jezus beschrijven in dit eerste deel van het Evangelie? Wat is zijn prioriteit? Wat heeft dat met ons te doen?
4. De titel van dit deel is De Boodschap. Hoe vaak predikt Jezus zijn boodschap in dit deel? Waarom?
5. Waarom doet Jezus wonderen in dit gedeelte?

6. In 1:16-20 roept Jezus zijn eerste discipelen. Hoe denk je dat ze zich gevoeld hebben aan het einde van dit deel, na alles gezien en gehoord te hebben?

Leer het gedeelte samen (begin in Blok B).

Moedig de groep aan om dit in hun eigen leven te gebruiken in de komende week.

Bid samen.

Week Drie

Deel Een – beter leren kennen

Wie kent Deel Een uit het hoofd?

Zijn er vragen over iets in dit deel?

Oefen door elkaar de verhalen te vertellen

Bestudeer een paar gebeurtenissen nog dieper (als er tijd is)

Bid door het gedeelte heen, gebeurtenis voor gebeurtenis

Week Vier

Wie weet Marcus' Introductie nog? Wie weet Deel Een al?

Deel Twee (3:13-6:6)

> Uitleg van de structuur
>
> Lees het gedeelte samen
>
> Opnieuw uitleg van de structuur

Bestudeer het gedeelte, en maak gebruik van de onderstaande vragen:

Vragen bij Deel Twee

1. Waarom riep Jezus zijn apostelen?
2. Waarom zouden de discipelen zich zo onzeker voelen aan het eind van hoofdstuk 3?
3. Wat voor bemoediging ligt er voor de onzeker discipelen in de vier gelijkenissen?
4. De vier wonderen laten zien dat Jezus Heer is over vier gebieden in het leven. In welke? Wat kunnen we hier uit leren?
5. Hoe reageert Jezus op weerstand? Waarom?

Leer het gedeelte samen (begin in Blok B)

Moedig de groep aan om dit in hun eigen leven te gebruiken in de komende week

Bid samen

Week Vijf

Deel Twee – beter leren kennen

Wie kent Deel Twee uit het hoofd?

Zijn er vragen over iets in dit deel?

Oefen door elkaar de verhalen te vertellen

Bestudeer een paar gebeurtenissen nog dieper (als er tijd is)

Bid door het gedeelte heen, gebeurtenis voor gebeurtenis

Week Zes

Wie weet Marcus' Introductie nog? Wie weet Deel Een? En Deel Twee?

Deel Drie (6:7-8:30)

> Uitleg van de structuur
>
> Lees het gedeelte samen
>
> Opnieuw uitleg van de structuur

Bestudeer het gedeelte, en maak gebruik van de onderstaande vragen:

Vragen bij Deel Drie

1. Het thema van Deel Drie is De Training. Hoe vaak zien we een training van Jezus aan zijn discipelen?
2. Kijk naar de sandwich in 6:7-33. Wat betekent de vulling voor het brood?
3. De tweede sandwich in dit deel is in 8:14-30. Wat betekent de vulling hier voor het brood?
4. In 8:15 waarschuwt Jezus zijn discipelen voor het zuurdesem van de Farizeeërs en van Herodus. Hoe legt het gehele deel uit wat Jezus hier bedoelt? En wat kunnen we doen om 8:15 serieus te nemen?
5. Vind Jezus het makkelijk om zijn discipelen te trainen? Hoe denk je dat hij zich voelt in 8:29?

Leer het gedeelte samen (begin in Blok B)

Moedig de groep aan om dit in hun eigen leven te gebruiken in de komende week

Bid samen

Week Zeven

Deel Drie – beter leren kennen

Wie kent Deel Drie uit het hoofd?

Zijn er vragen over iets in dit deel?

Oefen door elkaar de verhalen te vertellen

Bestudeer een paar gebeurtenissen nog dieper (als er tijd is)

Bid door het gedeelte heen, gebeurtenis voor gebeurtenis

Week Acht

Wie weet Marcus' Introductie nog? Wie kent Deel Een?/Twee?/Drie?

Deel Vier (8:31-10:52)

Uitleg van de structuur

Lees het gedeelte samen

Opnieuw uitleg van de structuur

Bestudeer het gedeelte, en maak gebruik van de onderstaande vragen:

Vragen bij Deel Vier

1. Waarom denk je dat de discipelen niet begrijpen wat Jezus bedoelt met zijn voorzegging van zijn lijden, dood en opstanding?
2. Waarom zijn er maar twee wonderen in dit deel? Wat hebben ze met elkaar gemeen?
3. Kijk naar de drie vergissingen van 9:33-50. Welke van deze drie zijn het grootste gevaar voor ons vandaag?
4. Waarom was de verheerlijking een sleutelmoment voor Petrus, Jakobus en Johannes?
5. Hoe gedragen deze discipelen zich in de rest van dit deel? Hoe kunnen we hen beschrijven?

Leer het gedeelte samen (begin in Blok B)

Moedig de groep aan om dit in hun eigen leven te gebruiken in de komende week

Bid samen

Week Negen

Deel Vier – beter leren kennen

Wie kent Deel Vier uit het hoofd?

Zijn er vragen over iets in dit deel?

Oefen door elkaar de verhalen te vertellen

Bestudeer een paar gebeurtenissen nog dieper (als er tijd is)

Bid door het gedeelte heen, gebeurtenis voor gebeurtenis

Week Tien

Wie weet Marcus' Introductie nog? Wie kent Deel Een?/Twee?/Drie?/Vier?

Deel Vijf (11:1-13:37)

Uitleg van de structuur

Lees het gedeelte samen

Opnieuw uitleg van de structuur

Bestudeer het gedeelte, en maak gebruik van de onderstaande vragen:

Vragen bij Deel Vijf

1. Hoe kunnen we de religieuze leiders beschrijven in dit deel?
2. Wie is er onder de religieuze elite een uitzondering? Wat maakt hem anders?
3. Probeer je in te beelden hoe Jezus zich voelt in 12:6-8. En hoe denk je dat de religieuze leiders zich voelen in vers 9?
4. Kijk naar de sandwich in 11:12-25. Wat betekent de vulling voor het brood? Waar zocht Jezus naar in Israël? En waar zoekt hij naar bij ons?
5. Denk je dat het horen van Jezus woorden in Hoofdstuk 13 een positieve ervaring was of een negatieve voor Petrus, Jakobus en Johannes?

Leer het gedeelte samen (begin in Blok B)

Moedig de groep aan om dit in hun eigen leven te gebruiken in de komende week

Bid samen

Week Elf

Deel Vijf – beter leren kennen

Wie kent Deel Vijf uit het hoofd?

Zijn er vragen over iets in dit deel?

Oefen door elkaar de verhalen te vertellen

Bestudeer een paar gebeurtenissen nog dieper (als er tijd is)

Bid door het gedeelte heen, gebeurtenis voor gebeurtenis

Week Twaalf

Wie weet Marcus' Introductie nog? Wie kent Deel Een?/Twee?/Drie?/Vier?/Vijf?

Deel Zes (14:1-16:8)

Uitleg van de structuur

Lees het gedeelte samen

Opnieuw uitleg van de structuur

Bestudeer het gedeelte, en maak gebruik van de onderstaande vragen:

Vragen bij Deel Zes

1. Welke mensen zijn in dit deel trouw aan Jezus? En wie niet? Waarom?
2. Probeer je in te leven in elk van de gebeurtenissen van Deel Zes.
3. Op welke manier legt het Laatste Avondmaal uit wat de betekenis is van de kruisiging?
4. Kijk naar Jezus voor de Joodse Raad en dan voor Pilatus. Welke vragen antwoord hij en welke niet? Waarom niet?
5. Waarom zijn de woorden "en Petrus" is 16:7 belangrijk? Wat kunnen we hieruit leren?

Leer het gedeelte samen (begin in Blok B)

Bid samen

Week Dertien

Deel Zes – beter leren kennen

Wie kent Deel Zes uit het hoofd?

Zijn er vragen over iets in dit deel?

Lees Marcus Conclusie samen (16:9-20) en kijk naar de drie koppen.

Oefen door elkaar de verhalen te vertellen

Bestudeer een paar gebeurtenissen nog dieper (als er tijd is)

Bid door het gedeelte heen, gebeurtenis voor gebeurtenis

Appendix 3:
De Spiegel-koppelingen in elk Blok B

Soms zijn de koppelingen duidelijk, soms iets minder. Soms wijzen ze gezamenlijke punten aan, soms tegenovergestelden. Je zult het niet altijd eens zijn met de koppelingen die ik voorstel; ik heb simpelweg gekeken naar de koppelingen die ik kon zien en begrijpen. Ik leer nog steeds!

Deel Een, Blok B

a en a'	Beiden gebeurden op de sabbat – zonder tegenstand (a) en met tegenstand (a'). En in beide gevallen geeft Jezus onderwijs met autoriteit.
b en b'	De identiteit van Jezus (1:34 en 2:19).
c en c'	Waarom is Jezus gekomen – om te prediken (1:38) en om zondaren te roepen (2:17).
d en d'	In beide gevallen gaat het om Jezus' relatie met het officiële Jodendom: onderdanig zijn aan of aangevallen worden door.

Deel Twee, Blok B

a en a'	Wanneer het woord van God gesproken wordt, zijn er verschillende reacties (4:14-20 en 5:5) Er is een groep ingewijden en een groep buitenstaanders (4:11 en 5:40).
b en b'	Verborgen dingen worden zichtbaar gemaakt (4:22 en 5:30-34).
c en c'	"nacht en dag" (4:27 en 5:5). Het koninkrijk is constant aan het groeien (c), maar het kwaad is constant aan het werk om mensen te vernietigen (c').
d en d'	Kleine beginnen leiden eens tot een groot resultaat. Het kleine begin van Gebeurtenis d' mag bij de discipelen vragen oproepen (4:41), maar sommigen in de eerste kerk zagen de boot als een afbeelding van de kerk, die ontzettend gegroeid is door de eeuwen heen.

Deel Drie, Blok B

a en a'	De spijziging van twee grote groepen, een Joodse (a) en een Heidense (a').
b en b'	De mensen zijn verbaasd over Jezus (6:51 en 7:37).

c en c’ Jezus geneest door persoonlijk contact (6:56) of op afstand (7:29-30).

d en d’ Confrontatie met de Joodse leiders.

Deel Vier, Blok B

a en a’ Jezus zal sterven en weer opstaan (9:31); discipelen zullen lijden in dit leven maar hebben het eeuwige leven (10:31).

b en b’ Status – belangrijk voor de discipelen (b) en voor de rijke jonge man (b’). Een andere koppeling kan de kinderen zijn (9:37 en 10:24).

c en c’ De discipelen proberen iets te stoppen, en Jezus zegt hen dat niet te doen (9:39 en 10:14).

d en d’ De destructieve kracht van zonde (d), welke ook huwelijken kan vernietigen (d’).

Deel Vijf, Blok B

a en a’ De arrogantie van de Joodse leiders (a) is een contrast met de nederigheid van de weduwe (a’). Alles wat zij te bieden hebben zijn twee vragen, en alles wij zij te bieden heeft zijn twee muntjes tot eer van God.

b en b’ De zware straf die de religieuze leiders toekomt (12:9 en 12:40)

c en c’ Twee onbeantwoordbare vragen, een gevraagd door de Joodse leiders (c) e een door Jezus (c’). (Maar Jezus beantwoordt hun vraag!)

d en d’ Een oneerlijke vraag (d) en in contrast een eerlijke vraag (d’). De Sadduceeën kennen de schriften niet (12:24), tegenover een wetsgeleerde die dat wel doet (12:32-34).

Deel Zes, Blok B

a en a’ Het laatste avondmaal (a) legt het kruis uit (a’)

b en b’ De ontrouw van de discipelen (b) is in contrast met de trouw en standvastigheid van Jezus (b’).

c en c’ Jezus waarschuwt Petrus voor de gevaren van gebedsloosheid (c); Petrus laat het resultaat ervan zien (c’). Jezus bid drie keer (c); Petrus faalt drie keer (c’).

d en d’ De ontrouw van de discipelen (d) is weer in contrast met Jezus’ standvastigheid onder druk (d’).

Appendix 4:
De structuur van Marcus' Evangelie

Marcus' Introductie (1:1-8)

a Marcus getuigenis over Jezus (1)
b De oudtestamentische profeten getuigen over Jezus (2-3)
c De doop van Johannes zorgt voor veel belangstelling (4-5)
b' Johannes is als een oudtestamentische profeet (6)
a' Johannes getuigenis over Jezus (7-8)

Deel Een: De Boodschap (1:9-3:12)

Blok A (1:9-20)

Doop en verzoeking van Jezus (9-13)
Jezus verkondigt het goede nieuws (14-15)
Jezus roept de eerste leerlingen (16-20)

Blok B (1:21-2:28)

a	1:21-28	Jezus drijft een onreine geest uit
b	1:29-34	Jezus geneest de schoonmoeder van Petrus en anderen
c	1:35-39	Jezus zegt dat onderwijs zijn prioriteit heeft
d	1:40-45	Jezus geneest een melaatse
d'	2:1-12	Jezus geneest een verlamde
c'	2:13-17	Jezus roept Levi en eet met zondaren
b'	2:18-22	Jezus voorzegt een radicale breuk met het Jodendom
a'	2:23-28	Jezus is Heer van de sabbat

Blok C (3:1-12)

Jezus roept weerstand op door op sabbat te genezen (1-6)
Jezus' populariteit groeit (7-12)

Deel Twee: De Kracht (3:13-6:6)

Blok A (3:13-35)
De 12 leerlingen aangesteld (13-19)
Oppositie van de familie (20-21)
Oppositie van de religieuze leiders (22-30)
Opnieuw oppositie van de familie (31-35)

Blok B (4:1-5:43)

a	4:1-20	Gelijkenis: De zaaier
b	4:21-25	Gelijkenis: De lamp
c	4:26-29	Gelijkenis: Het zaad dat uitgestrooid wordt
d	4:30-34	Gelijkenis: Het mosterdzaad
d'	4:35-41	Wonder: De storm gestild
c'	5:1-20	Wonder: Het uitdrijven van Legioen
b'	5:25-34	Wonder: De genezing van een zieke vrouw
a'	5:21-43	Wonder: De opstanding van de dochter van Jaïrus

Blok C (6:1-6)
Oppositie van familie en vrienden (1-6)

Deel Drie: De Training (6:7-8:30)

Blok A (6:7-33)
Jezus zendt de 12 leerlingen uit (7-13)
De dood van Johannes de Doper (14-29)
De 12 leerlingen komen terug bij Jezus (30-33)

Blok B (6:34-8:10)

a	6:34-44	De spijziging van de 5000
b	6:45-52	Jezus loopt op het water
c	6:53-56	Jezus geneest in Gennesaret
d	7:1-13	Het Woord van God en de traditie van mensen
d'	7:14-23	Wat maakt de mens onrein?
c'	7:24-30	Jezus en de Syro-Fenicische vrouw
b'	7:31-37	Jezus geneest een doofstomme man
a'	8:1-10	De spijziging van de 4000

Blok C (8:11-30)
De Farizeeërs vragen om een teken (11-13)
De verwarring van de leerlingen (14-21)
De genezing in twee fasen van een blinde man (22-26)
De belijdenis van Petrus over Jezus (27-30)

Deel Vier: De Kosten (8:31-10:52)

Blok A (8:31-9:29)

Eerste lijdensaankondiging (8:31-33)
De roep tot navolging (8:34-9:1)
De verheerlijking (9:2-13)
Jezus drijft een onreine geest uit (9:14-29)

Blok B (9:30-10:31)

a	9:30-32	Tweede lijdensaankondiging
b	9:33-37	'Ik ben de grootste'
c	9:38-41	'Wij zijn de enigen'
d	9:42-50	'Zonde doet er niet toe'
d'	10:1-12	Houding tegenover het huwelijk
c'	10:13-16	Houding tegenover kinderen
b'	10:17-27	Houding tegenover rijkdom
a'	10:28-31	De beloning van navolging

Blok C (10:32-52)

Derde lijdensaankondiging (32-34)
De vraag van Jakobus en Johannes (35-45)
De genezing van de blinde Bartimeus (46-52)

Deel Vijf: Het Oordeel (11:1-13:37)

Blok A (11:1-25)

Jezus komt Jeruzalem binnen (1-11)
Jezus vervloekt de vijgenboom (12-14)
Jezus reinigt de tempel (15-19)
Jezus geeft onderwijs over het gebed aan de hand van de vijgenboom (20-25)

Blok B (11:27-12:44)

a	11:27-33	Het gezag van Jezus ter discussie gesteld
b	12:1-12	De gelijkenis van de wijnbouwers
c	12:13-17	Belasting betalen aan de keizer
d	12:18-27	Het huwelijk na de opstanding
d'	12:28-34	Het grootste gebod
c'	12:35-37	Een vraag over de Messias
b'	12:38-40	Een waarschuwing tegen de Schriftgeleerden
a'	12:41-44	Het offer van de weduwe

Blok C (13:1-37)

De verwoesting van de tempel en het eind van de tijd (1-37)

Deel Zes: De Liefde (14:1-16:8)

Blok A (14:1-11)
Plannen tegen Jezus (1-2)
De zalving in Bethanië (3-9)
Plannen tegen Jezus (10-11)

Blok B (14:12-15:39)

a	14:12-26	Het laatste avondmaal
b	14:27-31	Jezus voorzegt de verloochening door Petrus
c	14:32-42	Getsemane
d	14:43-52	Jezus gearresteerd
d'	14:53-65	Voor de Joodse Raad
c'	14:66-72	Petrus verloochent Jezus
b'	15:1-15	Jezus voor Pilatus
a'	15:16-39	De kruisiging

Blok C (15:40-16:8)
De vrouwen bij het kruis (15:40-41)
De begrafenis van Jezus (15:42-47)
De opstanding (16:1-8)

Marcus' Conclusie (16:9-20)

a	De verschijning van de opgestane Heer (9-14)
b	De boodschap van de uitzendende Heer (15-18)
c	De discipelen van de opgaande Heer (19-20)

www.ingramcontent.com/pod-product-compliance
Ingram Content Group UK Ltd.
Pitfield, Milton Keynes, MK11 3LW, UK
UKHW021822190726
13853UKWH00003B/1126